指導から評価まですべてが分かる！

新学習指導要領対応

小学校図工 テッパン題材モデル

高学年

竹井　史・中村僚志 監修
古川智康・神門大知 編著
愛知県造形教育研究会 著

明治図書

はじめに

　今回の学習指導要領改訂で図画工作の資質・能力が明確に示されたことは，教科のあり方を考える上で大きな意味のあることです。「要領」において，図画工作科は，表現や鑑賞の活動を通して「造形的な見方・考え方を働かせ，生活や社会の中の形や色などと豊かに関わる資質・能力」として位置づけられました。

　「造形的な見方・考え方」には，「知性と感性の両方を働かせて対象や事象を捉えること」が必要であるとされています。これまでの教育研究から明らかなように「感性」とは，本来，身の回りの世界を感じる受け身の能力ではなく，五感を通して自分にとって大切な情報を取捨選択し，かけがえのない自分らしさを創り上げていく主体的な能力をいいます。この感性を働かせて自分らしさを創り上げていくプロセスによって，生きた知性が身に付きます。その意味において感性は，確かな知性を支える土台であるということがいえます。

　他方，造形的な見方・考え方を働かせる対象として，「生活や社会の中の形や色など」が挙げられていますが，ここから図画工作科は「形や色」だけにコミットすればよいという誤解も生まれます。これまで図画工作科で大切にされてきた感覚には，視覚に加えて触覚の要素があったからです。図画工作科では，感性を働かせ，生活や社会の中の視覚や触覚に関わる対象と豊かに関わる資質・能力を明確にしなければならないでしょう。

　本シリーズは，新学習指導要領に準拠しつつ，実践研究を進めてきた愛知県造形教育研究会の成果を「鉄板題材」集としてまとめたものです。個々の題材においては，定番の教科書題材を取り上げながら，実践者の個性が生かされ，等身大で進められる授業の環境づくりや進め方，言葉かけなどのアドバイス，評価等について具体的に示しています。本文中の評価に関しては，授業者のねらいに合うように自由に書き込める「評価シート」も掲載しましたので大いにご活用ください。また，掲載した題材には授業実施学年を記していますが，異学年でも，ねらいに合わせて弾力的に活用していただければと思います。

　本題材集が，新学習指導要領を背景とした授業の実施に悩む先生方の参考になり，楽しく実りのある図画工作の授業を実施する手助けになれば，これに勝る喜びはありません。

　最後になりましたが，本書の企画段階から出版に至るまで粘り強く支えて頂きました，明治図書出版編集部の木村悠さまはじめ，編集部の皆様に心より御礼を申し上げます。

2020年4月

監修者

目　次

第1章

思いを表現
できる力を
つける！
授業づくりの
ポイント

新学習指導要領図画工作編解説 〜第５学年及び第６学年の目標と〔共通事項〕〜

1 第５学年及び第６学年の目標

新学習指導要領図画工作編解説の目標は，児童の発達の特性などを考慮して，２学年ごとにまとめて示されており，具体的な指導を考える際のよりどころとなります。

表現及び鑑賞の活動を通して，造形的な見方・考え方を働かせ，生活や社会の中の形や色等と豊かに関わる資質・能力を次の通り育成することを目指します。

なお，造形的な見方・考え方とは，「感性や想像力を働かせ，対象や事象を，形や色などの造形的な視点で捉え，自分のイメージをもちながら意味や価値をつくりだすこと」であると考えられます。

> (1) 対象や事象を捉える造形的な視点について自分の感覚や行為を通して理解するとともに，材料や用具を活用し，表し方などを工夫して，創造的につくったり表したりすることができるようにする。…知識及び技能
>
> (2) 造形的なよさや美しさ，表したいこと，表し方などについて考え，創造的に発想や構想をしたり，親しみのある作品などから自分の見方や感じ方を深めたりすることができるようにする。…思考力，判断力，表現力等
>
> (3) 主体的に表現したり鑑賞したりする活動に取り組み，つくりだす喜びを味わうとともに，形や色などに関わり楽しく豊かな生活を創造しようとする態度を養う。
>
> …学びに向かう力，人間性等

2 第５学年及び第６学年の〔共通事項〕

下記の〔共通事項〕の内容は，第５学年及び第６学年の目標(1)，(2)，(3)を受けたものです。〔共通事項〕は，表現及び鑑賞の活動の中で，共通に必要となる資質・能力であり，造形活動や鑑賞活動を豊かにするための指導事項として示しています。

> (1) 「Ａ表現」及び「Ｂ鑑賞」の指導を通して，次の事項を身に付けることができるよう指導する。
>
> ア 自分の感覚や行為を通して，形や色などの造形的な特徴を理解すること。…知識
> イ 形や色などの造形的な特徴を基に，自分のイメージをもつこと。
>
> …思考力，判断力，表現力等

〔共通事項〕の指導事項は，「Ａ表現」及び「Ｂ鑑賞」の指導を通して，「知識」，「思考力，判断力，表現力等」を育成することになり，そのことは，「Ａ表現」及び「Ｂ鑑賞」における「技能」や「思考力，判断力，表現力等」の育成につながります。

（古川　智康）

8

各巻の実践と学習指導要領との関連～高学年～

1 「A表現」⑴⑵ア　造形遊びをする活動〔共通事項〕アイ

　高学年の造形遊びは「23　風を感じて　回れ！千本風車」（P106）のみ掲載されています。それだけ，高学年における造形遊びの難しさがあるのかもしれません。難しさの要因としては「A表現」イとのバランスや全体の時間数があるのでしょう。しかし「風を感じて　回れ！千本風車」を見ると，子供たちが風という自然事象を，たくさんの風車と体全体を使っていきいきと造形的な見方や考え方，感じ方を働かせていることが分かります。低学年では，多く実践されている造形遊びですから，各学年においても，その経験をつなげていくように題材構成をする必要があります。

2 「A表現」⑴⑵イ　絵や立体，工作に表す活動「B鑑賞」⑴ア〔共通事項〕アイ

　高学年，特に6年生は，卒業を控えた学年です。学年という要素は「A表現」の主題設定に大きく関わることがあります。「6　身近なものを見つめて」（P38）「7　私の大切な風景」（P42）「8　大切なものへこめた思い」（P46）は，これまでの学校生活を振り返り，モチーフへ自分の思いを込めてかくことができています。一見すれば静物画となってしまいますが，その背景にある，その子の思い出やそのときの感情が込められているため，見る人を惹きつける作品になっているのです。

　立体「14　あっぷっぷの顔をつくろう」（P70），工作「22　新種発見！5年虫組！」（P102）では，教師が捉えた児童たちの生活経験を題材開発のもととしているところが優れている実践です。多くの子供が幼いころに遊んだ「あっぷっぷ」，何が出るか分からないドキドキとワクワクを感じた「カプセルトイ」。対象や事象を捉える造形的な視点について自分の感覚や行為を通したものであるからこそ，より創造的に発想や構想をしたり，作品として豊かに表現したりしているのです。

　また，高学年では，これまでの造形活動で培ってきた見方や考え方，感じ方を働かせ，話したり聞いたりする言語活動を充実させることも重要です。高学年だからこそ「A表現」「B鑑賞」の指導については，相互の関連を図るように題材構想をするとよいのではないでしょうか。

　「16　ここは京都？！ミニチュア盆庭枯山水の世界」（P78）や「27　カメラでキャッチ」（P122）の実践では，表現，鑑賞の視点を同時に与えています。児童たちが構図の切り取り方，背景との組み合わせや撮影する際の角度，大きさという形や色などの造形的な特徴を意識したことで，明確な意図をもって表現し，鑑賞会においてもそのよさを理解することができるようになっています。

　一部しか紹介できませんでしたが，この他にも大変優れた実践が掲載されています。新学習指導要領との関連は分かりやすく評価シートに記載してありますのでぜひご確認ください。

高学年の図画工作科について考える

　私は，現在指導主事として教育行政に携わっていますが，以前は愛知教育大学附属岡崎小学校に勤務していました。担任として勤務したのは３年だけでしたが，そのうち２回は６年生を担当することができました。

　どの学校でもそうだと思うのですが，高学年は忙しく，とにかくやるべきことが多いものです。実際，私自身目の回る日々でした。学校行事だけ取ってみても，企画，事前準備，当日運営，後片づけ。そのすべてを請け負います。子供たちのことを考えれば，無責任なことはできません。何度も打ち合わせを行いながら進めました。今思い返してみても，これ以上忙しかったことはないと言えるほどです。しかし子供たちは，目の回っている私とは違い，いつも瞳を輝かせていました。なぜ彼らの瞳は輝いていたのでしょうか。それは，自分たちがこの学校を支えている，自分たちの手で学校を動かしているという自己有用感，自分が行ったことが友人や後輩のためになっているという，自己肯定感を味わっているからでした。

　瞳を輝かせ，自ら歩もうとする子供たちが目の前にいるのです。私たちは児童の主体性を，そしてその可能性を十分に発揮，伸長できるように支えていかなければなりません。

　生意気なようですが，私は図画工作科の素晴らしさを１人でも多くの人に伝えたいと思っています。情操教育を掲げる美術教育は，未来を担う子供たちの心を育て，大きな学びにつながるものです。だからこそ私たちは，児童の思いを表現できるように題材を構想し，児童主体の学習が展開されるようにしているのです。これらは，今回の学習指導要領でも高く掲げられています。しかし，よくよく考えてみれば，図画工作科ではこれまで当たり前に行ってきたことばかりです。時代がようやく図画工作科に追いついたといえるのです。

1 「自己の内面をみつめる題材」「他者意識のある題材」

　図画工作科では，自分の思いを表現するときに，自分を見つめたり相手のことを考えたりしながら追求を進めていきます。自分の中にあるイメージをふくらませたり，相手のことを考えたりしながら，思いを表現できる教材を模索し，題材を構想していきます。私は，題材には「自己の内面を見つめる題材」と「他者意識のある題材」の２つがあると考えています。

　例えば，児童が，自己の内面を見つめる題材に出合ったときには「かっこいいものをつくりたい」などと思いが生まれ，児童は，自分の中にある「かっこいい」イメージを表現しようと追求していきます。同じように，相手のことを考える他者意識のある題材に出合ったときには「気持ちを伝えたい」「喜んでもらいたい」などと思いが生まれ，相手のことを考えながらイメージを表現しようと追求していきます。児童は，その思いを，これまでに学んだ色や形という造形要素とつなげて「かっこよくするために（気持ちを伝えるために）色と形を工夫してつくりたい，かきたい」という問題意識に高めていくのです。問題意識をもち，追求の見通しをもつことができれば，もう安心です。児童は，自分の思いを表現するために，自分たちで造形活動にのめり込んでいくからです。

それではここで私のつたない実践ではありますが「自己の内面を見つめる題材」「他者意識のある題材」について紹介したいと思います。

　1つ目は「写真の構図と文字の立体感で伝えるよ　卒業作品　ぼく・私の『本氣デアレ』」です。前任の愛知県教育大学附属岡崎小学校は110年以上前からある学校です。6年生の子供たちは，卒業学年であることから，学校にある卒業作品を調べたり話し合ったりするようになりました。6年生はスタートした時点で，「卒業」の2文字が浮かぶ不思議な学年です。子供たちは，学校に残る卒業作品を6年生という立場から向き合ったことで，校訓「本氣デアレ」が学校の大切にしている言葉であることを改めて認識しました。そして，「自分の本氣を伝える卒業作品をつくりたい」と思いをもつようになったのです。

　この題材はデジタルカメラで撮影する写真と紙粘土で作成する立体文字を組み合わせて表現します。写真の構図と立体文字の形や大きさ，表面について学ぶことができます。

　私は，立体文字は最初と試作ではあまり変えず，高い部分，低い部分があって，なるべく大きく，太く，勢いよく力強くしました。　本作品では力・力・力の本氣を表すことに決まったので，表面を力・力・力をやった運動場のようにしようと思い，粘土のかたまりをすりおろした砂に見立てたものを表面にかけました。力・力・力でも2つあって，1つは終わった時の達成感を表そうと思って撮った本氣デアレTシャツと空の写真，もう1つは演技の中の写真でした。私は人がいた方が本気がわかりやすいと思ったので立っている演技の写真にしました。それから文字とのバランスなどを考えて，ちょうどいい大きさだと思った写真を本作品に使いました。

（Aの振り返り作文より）

完成作品

　Aはおとなしい子供でしたが，何事にも前向きな気持ちで取り組むことができ，コツコツと努力することを惜しまない子でした。そんなAですから，これまでの学校生活の中で自分の「本氣」を伝えられる一番の場面は何かと，ずっと考えていました。作文中にある「決まった」にはAらしい悩み抜いた気持ちが表れています。「力・力・力」とは，運動会で行う高学年の組み体操のことです。組み体操と聞けば，演技の美しさや力強さによさを感じそうなものですが，Aは演技と演技の合間の気をつけの姿勢を選びました。Aはどんなときも緊張感をもって取り組んだことに自分の本氣が表れていると考え，この写真を選んだのです。作品からも緊張感あるその一瞬が見事に表現されています。何百枚と撮影した写真の中から，Aが自分の内面にある「本氣」を見つめ，精一杯頑張った自分はこの1枚だと判断したのです。

立体文字では、Aは「表面」にこだわっていました。特に秀逸だったのは、細かく削った粘土を振りかけ、運動場の砂を表現したことでした。組み体操は運動

乾燥させた粘土を削ったもの

立体文字に振りかける

場で行われます。地面に座ったり、伏せたりするので体にたくさんの砂が付きます。付いた砂を払いたくなったこともあるでしょう。それでもじっと我慢して集中していたことを文字の表面に砂を振りかけることで表したのです。

2つ目は、他者意識のある題材「画面の重なり考えて　願いよとどけ　がんばっぺ福島」です。この題材は、美術作品による東日本大震災の復興支援をめざして実践しました。

児童たちが自分の思いを表現できるように、アニメーションに使用されるセル画の技法を取り入れました。セル画は1つの画面を複数枚のセルによって表すため、かく対象の位置や大きさ、セル同士の重なりや配色について学ぶことができます。

> 福島の人へのセル画作りを振り返って、私は一番こだわったのは、背景の色です。完成作品は、背景は黒だからこそ、深い感じになって黒なのにあたたかさが出てきて「味方だよ」という気持ちが伝わるようになったと思います。悩んだのは福島県の形の色です。前回は、濃い黄緑をそのまま使いました。そのセルのまま使おうかなと思ったけど、濃い黄緑は、ハートの影になってしまう感じになって、主役はハートだけど、届けたいのは福島の人だから、影の存在になるのはだめだと思ったので、明るくうすめの黄緑にしました。そうしたら、明るくてパッと見た時にハートも福島県も目立つようになりました。ハートも大きくしたので「味方だよ」という気持ちが本作品1よりは伝わるようになったと思います。自分の心の中をあらわしている作品になったと思います。　　　（Bの振り返り作文より）

実践を終えたBは自分の完成作品を見て「『味方だよ』という気持ちが伝わるようになった」と話しました。とことん追求してきた作品だからこそ、Bの思いが、福島の人に伝わる作品になったことを実感したのです。作品の中で注目すべきは背景の色です。B自身も一番こだわったことを「背景の色」と記しています。Bが最初につくった小作品は黄色が背景色になっていました。暖色である黄色に「福島に明るい未来を」という願いを込めていたからです。

Bは口数は多くありませんが、友人や家族のことを大切にできる心優しい子供でした。地元福島で暮らす方から、震災から5年経った今（実践当時）でも被災地が完全に復興しているわ

けではないことや世間からの心ない風評被害があることを聞きました。そのような状況にある福島の人に，Bはどうすれば自分の思いを伝えることができるのか悩んでいました。高学年であっても簡単

小作品

完成作品

に答えが出るわけではありません。いえ，むしろ高学年だからこそ簡単には出なかったのでしょう。考えに考えた結果，Bの作品の背景は黒色になりました。Bは，主役であるハート（自分の気持ちを表したもの）と福島（中央にある地図）を目立たせ，そこに込めたメッセージを伝えるために，あえて明度の低い黒を選んだのです。それは文中にある「黒だからこそ，深い感じ」「黒なのにあたたかさ」に表れています。Bが黒という色を，作品全体の雰囲気までをもつくりだす色だと感じ取り，色に対する見方や考え方を拡げたことがわかります。福島の人々に心を寄せ続け，追求し続けた作品だからこそ，Bは最後に「自分の心の中をあらわしている作品になった」と自分の思いを豊かに表現したことを述べているのです。

　私たちは，AやBのように主体的に粘り強く追求し，色や形に対して自分の考えを巡らせながら，自分の思いを表現する児童を育まなければならないのです。

② 高学年担当者としての「まとめ」と「接続」

　高学年担当者として図画工作科の学びを，中学校の美術科で発揮できるように整理し「接続」していくことも大切です。小学校6年間で学んだ「知識・技能」や「思考力・判断力・表現力」は児童たちにとって大切な宝物です。この宝物は小学校の集大成である「まとめ」なのですから，児童たちが，宝物を必要なときに手に取れるようにしておかなければなりません。このように「接続」を意識することで，中学校で生まれる小学校時代より高度で複雑な自分の思いを，その宝物を活用しながら表現できるようになります。やはり図画工作科においても「高学年は忙しい」ですね。それでも児童の大きな成長を間近に見ることができる図画工作科を担当できる喜びは何物にも代えがたいものがあります。

　私も，いつの日かまた，子供たちに負けないキラキラした目で図画工作科の授業を楽しみたいと思います。

図画工作科におけるカリキュラム・マネジメントを進めるポイント

新学習指導要領をキーワード化してみると，右の8つになります。この中でも特に耳にするようになったのが「主体的・対話的で深い学び」であり「カリキュラム・マネジメント」でした。

ここでは，カリキュラム・マネジメントの観点から図画工作科を見ていきたいと思います。

カリキュラム・マネジメントには「**❶各教科横断的な視点で，教育の内容を配列していく」「❷子供や地域の現状をもとに，教育内容の質を向上させる PDCA サイクルを確立する」「❸教育内容と，教育活動に必要な人的・物質的資源を，活用，効果的に組み合わせる」という側面があります。この3つの側面について図画工作科として見ると，どのように考えることができるのでしょうか。

新学習指導要領キーワード	資質・能力	主体的・対話的で深い学び
学校間の接続	カリキュラムマネジメント	社会に開かれた教育課程
プログラミング教育	各教科等の見方・考え方	外国語教育

1 各教科横断的な視点で，教育の内容を配列していく

❶については，図画工作科が最も得意とする分野です。例えば，総合的な学習の時間や道徳とコラボすれば，よりよく生きたり豊かな人間性を育んだりすることができます。教科はどうでしょうか。国語科で学んだ物語の情景を版画でかくこともできるでしょう。理科で学んだ光の性質を生かしながら，ステンドグラスなどの光を通す作品をつくることもできます。

小学校では，担任が多くの教科を担いますので，こういったコラボは比較的容易に行うことができます。「教科横断的」というと敷居が高いように感じますが，教科，領域に図画工作科のエッセンスを入れることで考えやすくなります。

2 子供や地域の現状をもとに，教育内容の質を向上させる PDCA サイクルを確立する

PDCA サイクルとは右図の通り，「計画」から「実行」。そして，「評価」「改善」を行い，この行程を繰り返すという意味です。図画工作科では PDCA サイクルを2つの点で見ることが必要です。

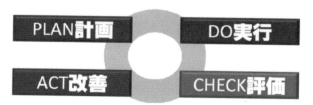

1つ目は，教師として年間指導計画を PDCA サイクルで見ることです。**❶**で考えた他教科との連携で考えてみます。まず，連携を図ろうと考えた時点で，計画（P）しているといってよいでしょう。そしてその授業を実践（D）します。授業を終えたら評価（C）と改善点（A）を行います。連携を図ってみた結果，目標に迫ることができたかどうかを評価（C）します。次に時間や時期に問題がなかったのかを評価します。ここでの問題点をクリアにするために改善（A）を図り，そしてまた計画（P）に戻るのです。

2つ目の視点は，子供側のPDCAサイクルです。題材自体にPDCAサイクルがあるように仕組んでいきます。子供たちが豊かに自分の思いを表現するためには，とことん考え，とことん表現方法を追求しなければなりません。簡単に言えば，子供が，自分の表現を一度考え直す，やり直してみる場の設定が必要なのです。時間の制約はあるかもしれませんが，いつもTRY & SUCCESSばかりの授業ではおもしろくありません。ときにはTRY & ERRORがある授業も大切です。

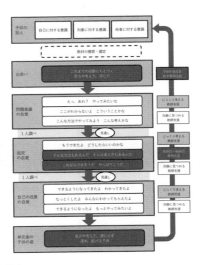

③ 教育内容と，教育活動に必要な人的・物質的資源を，活用，効果的に組み合わせる

　最後は，③についてです。「人・もの・こと」として考えていけばよいでしょう。学校は学校だけで存在しているのではなく，常に地域と共存しています。この地域にある「人・もの・こと」に目を向けて題材を構想すればよいのです。ここで一例を挙げます。地域新興グルメを応援するポスターを作成した実践です。私は，「もの」として地域の新興グルメに目をつけました。子供たちも名前は聞いたことはあるけれど，よく知らない状態だったからです。また，「人」として新興グルメ協会の会長や，地域活性を担う行政の立場の方とも連携を図ることにしました。多くの人と連携を図ると調整に苦慮することもありますが，地域振興のために働く「人」に子供たちは，どんどん引き込まれ，最後には，「自分たちの手で広めていきたい！」とまで思いを高め，製作に取り組むことができました。

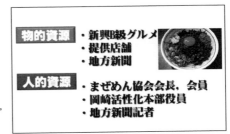

子供たちの作品は，提供店舗を始め，駅舎など多くの施設で展示されました。たくさんの人との関わりよって，子供たちの満足感はとても高いものになったのです。

　ここまで3つの側面で見てきました。どの面においても，読者の皆様が取り組んだ実践があることと思います。カリキュラム・マネジメントは，難しく考える必要はありません。今までやってきたことを少し整理するだけで十分に対応できます。カリキュラム・マネジメントで題材を構想し，子供たちの可能性を広げましょう。

（神門　大知）

題材名：

年　　組　　番　氏名

評価項目	評価場面	評価規準	評価
知識・技能			
思考・判断・表現			
主体的に学習に取り組む態度			

【備考】

題材名：

年　　組　　番　氏名

評価項目	評価場面	評価規準	評価
知識・技能			
思考・判断・表現			
主体的に学習に取り組む態度			

【備考】

第**2**章

指導から
評価まで
すべてが分かる！
テッパン題材
モデル27

❶ ぼく・わたしの木 ～模様の世界に浸ろう～

題材の紹介

〈簡単なプロセス〉

①様々な模様があることを知る。

②模様を模写し，イメージをふくらませる。

③木の形と模様のアイデアをスケッチする。

④スチレンボードに転写する。

⑤スチレンボードを彫る。

⑥試し刷りをする（2時間）。

⑦本刷りをする。

⑧水彩絵の具で着彩する。

⑨友人の作品のよいところを見つける。

11時間完了

1　目　標

・木の形と模様の関連性を工夫して，表現することができる。　　　　　（知識及び技能）

・模様と黒の全体のバランスを考えながら，画面全体の構図を決めることができる。

（思考力，判断力，表現力等）

・形のおもしろさや模様の美しさを感じようと学習活動に取り組んでいる。

（学びに向かう力，人間性等）

2　準備物等

教師：カラーの様々な模様の例（ある程度模様が繰り返されているものがよい），スチレンボード（木が大きくかけて，模様も潰さずに彫れるのでB4サイズが適当），引っかくもの（先が鋭く，尖っているもの　例：つまようじ，竹串等），版画セット（黒インク，ローラー，ばれん，試し刷りの版画紙2枚，本番用の版画紙1枚），ワークシート

児童：水彩絵の具セット（白以外使用可，できるだけ混ぜずに原色を使用，透明水彩がよい，細筆がよい），色鉛筆

③ 評価シート　ぼく・わたしの木

評価項目	評価場面	評価規準	評価
知識・技能	⑦	木の形と模様の関連性を工夫して，表現することができる。	
思考・判断・表現	③	模様と黒の全体のバランスを考えながら，画面全体の構図を決めることができる。	
主体的に学習に取り組む態度	⑨	形のおもしろさや模様の美しさを感じようと学習活動に取り組もうとしている。	

授業づくりのアドバイス

　この題材では，自分なりのかき方で表す楽しさを感じることや，気に入った形や色の組み合わせを見つけることができます。大切にしたいことは，３つあります。

・１つ目は，木の形です。模様から想像を広げて現実とは異なる木の形にしていきます。誰１人同じ形はなく，違っていておもしろいと感じられるようにしたいです

・２つ目は，白と黒のバランスです。全体の構図を決めるときには，黒の部分である余白と，白の部分である模様と木のバランスを考えさせたいです

・３つ目は，模様です。これまで模様を意識して見たことのない児童に様々な模様に注目させると，「この模様が好き」「この模様きれい」と好みが出てきます。模様の形や色の組み合わせを多く見せ，模様のバリエーションを増やしたいです

　引っかいて傷を付けるスチレン版画を使用することで，どの児童も無理なく模様を彫ることができます。版ができ上がったとき，刷ったとき，着彩をしたときと，何段階にも感じる達成感で，児童も満足する作品になります。ぜひ，実践してみてください。

4 指導過程

① 模様の世界に浸ろう （教材と出合う）

・水玉や縞模様だけじゃないんだね

・模様っておもしろいな

・同じ色にすると統一感があるね

・私は，くねくねした模様が好きだな

②模様をまねしてみよう （イメージづくり）

・好きな模様をかくと，もっと好きになるよ

・気がついたらくるくるした模様が多いから，私はくるくる模様が好きなんだ

・同じ模様でも色を変えるだけで雰囲気が変わるね

・同じ模様でも細かくかいたり，大きくかいたりすると違って見えるよ

・模様の組み合わせもおもしろいね

③アイデアスケッチをしよう （構想）

・くねくねした模様が好きだから，木もくねくねさせよう

・木の枝は蛇みたいに幹に巻きつけて，模様はうろこみたいにびっしりかこう

・ふわふわした木にしたいから，丸い模様をたくさん使おうかな

・模様はできるだけ細かくかきたいな

・木の回りに黒い部分もしっかり残そう

・色はグラデーションにしようかな

④スチレン版画にデザインを写そう （表現）

・スチレンボードに穴が開かないように力加減に気をつけないといけないね

・カーボン紙を間に挟むとなぞるだけで模様も写せるから簡単だね

⊃指導ポイント①

・はじめに，知っている模様を挙げさせてから，様々な模様の例を見せる

・模様を見て気付いたことを発表させる

⊃指導ポイント②

・枠が6つ程書かれたプリントを用意する

・枠の中に多くの模様を試し，色鉛筆で色をぬるように指示する

・色を変えたり，組み合わせたりして自分なりの工夫ができるとよいことを伝える

模様をかく

⊃指導ポイント③

・現実にはない木の形に模様を付けるというテーマを確認する

・木の形と模様がリンクしているとよいことを伝える

・実際にスチレンボードを見せる

・黒と白のバランスを考えることを伝える

・ワークシートは，スチレンボードと同じ大きさのものを用意する

自分だけの木の形と模様を考える

⑤スチレン版画を彫ろう　　　　　（表現）

・細かい模様の傷を付けるときには，先が細く尖っているものがいいな

・木の幹は太くしたいから，強い力で傷を付けよう

・線と線はくっつけすぎないほうがいいね

⑥試し刷りで，よりよくしよう　　（表現）

・試しに刷ってみたら，黒いところが多すぎたから，模様を増やそう

・試しに刷ってみたら，木が小さかったから，木の枝を長くしてみよう

・角にあまりインクが付いていないから角までしっかりばれんで擦ろう

⑦本刷りをしよう　　　　　　　　（表現）

・インクをしっかりと付けると黒と白がはっきりしていいね

・角までしっかりばれんで擦ると，作品としてきれいだね

⑧着彩しよう　　　　　　　　　　（表現）

・色はグラデーションにしていこう

・水を多めにしないと，黒いところに色が付いてしまうよ

・色を混ぜないほうが黒に映えるね

・少しくらいはみ出しても目立たないから安心だね

⑨友人の作品のよいところを見つけよう
　　　　　　　　　　　　　　　　（鑑賞）

・１人も同じような作品はないね

・模様が木の形になっているね

・色がきれいだね

➡指導ポイント⑤

・細かい傷も刷れてしまうので，余計な傷を付けないように注意させる

・スチレンボードを傷つける尖ったものが太かったり，力を入れすぎて太くなったりすると模様が潰れてしまう可能性があることを伝える

➡指導ポイント⑥⑦

・版画の刷り方を確認する

・試し刷りをした際に起こった失敗は，なぜ起きたのかを考えさせる

・試し刷りで刷れた自分の作品をしっかり吟味させる

・黒と白のバランスを見るように伝える

・白が多い場合は，これ以上彫らないほうがよいことを伝える

・黒が多い場合は，彫る部分を増やしたほうがよいことを伝える

・試し刷りと本刷りで刷り方の成長を確認していく

➡指導ポイント⑧

・白の部分に着彩するように指示する

・絵の具は混ぜずに，多めの水で絵の具を溶くように伝える

・少ない水の絵の具だと，黒い部分にはみ出た際に，目立つことを伝える

➡指導ポイント⑨

・意見を発表し合い，どの作品にも異なるおもしろさがあることを確認する

・黒の部分があるからこそ，木や模様が目立つことに気付かせる

（一色　絢賀）

絵画
立体
工作
造形遊び
鑑賞

❷ でこぼこワールドへようこそ

題材の紹介

小学校高学年になると，写実的な表現に自信がもてなくなった児童が，アートかるたを用いることで，友人のイメージを共有しながら，自分なりのイメージをつくることができる。また，自分のもったイメージの色や形で抽象表現していく中で，写実以外の表現のよさを知り，液体粘土という素材に触れることで，自分のもったイメージを大切にしながら，表現を楽しむことができる題材。

8時間完了

でこぼこワールド

White ワールド

1 目 標

・素材に合った接着方法や液体粘土の塗り方，自分がつくりたいものに合わせて着彩方法を選び使用することができる。 （知識及び技能）
・画面の手触りやでこぼこ，組み合わせによってできた形から，発想を広げることができる。 （思考力，判断力，表現力等）
・組み合わせた画面の形からの発想を生かした表し方を感じ取り，認め合うことができる。 （思考力，判断力，表現力等）
・身の回りにある材料を白く固めてつくる製作方法に関心をもち，素材の形からおもしろさを楽しもうとする。 （学びに向かう力，人間性等）

2 準備物等

教師：四ツ切段ボール（様々な素材を組み合わせて貼るのに，四ツ切の大きさが適当），グルーガン（自然素材など平らな面がない素材を段ボールに貼るときに使用），液体粘土（1人600gを使用したが作品によって個人差がある），ワークシート（液体粘土を塗った作品を1人ずつ写真に撮り，イメージをかき込むことができるようにする），愛知県美術館鑑賞学習補助ツール（あいパック，あいパックプラス），実物投影機（書画カメラ），参考作品

児童：四ツ切段ボールに貼る素材（段ボール，紙，枝，布，ティッシュペーパー，縄，アルミホイル等。プラスチック製品は，液体粘土をはじきやすい），水彩絵の具セット

3 評価シート　でこぼこワールドへようこそ

評価項目	評価場面	評価規準	評価
知識・技能	⑥	形からイメージしたことを色で表現することができる。	
		自分がつくりたいものに合わせて着彩を選び使用することができる。	
思考・判断・表現	④	画面の手触りやでこぼこ，組み合わせによってできた形から，イメージを浮かべることができる。	
主体的に学習に取り組む態度	⑦	友人の作品を鑑賞し，どんな世界を表しているのかを想像し，おもしろさを見つけようとしている。	

授業づくりのアドバイス

　アートかるたを取り入れ，写実以外にも様々な表現があることを知る機会をつくることにしました。あいパックのアートカードの中から，抽象的な作品を選んでおき，鑑賞をしました。児童から「何だ，これ？」「これ絵なの？」等の声が上がりました。そして，これが愛知県美術館に収蔵されている作品であることを告げると，「これが美術館にあるの？」「芸術だ！」などと，大変驚いていました。そして，作品から受けるイメージを自分なりの言葉で表現した読み札をつくってみました。かるたをするときは，自分が受けたイメージと同じであれば喜び，違っていれば感心するなど，ゲームを楽しんでいました。そのときの読み札や，イメージした言葉を作品と共に掲示しておくことで，自分の作品づくりに参考にすることができ，イメージするということに真剣に向き合うことができたように思います。

　段ボールに貼る素材は，材質や大きさなど，種類が多ければ多いほど，児童は楽しく活動できます。事前にたくさん集めて実践を行うとよいと思います。

4 指導過程

① アートかるたをしよう

（イメージづくり）

・何がかいてあるのか分からないよ

・これが美術館に飾ってあるんだね

・何だか不気味な絵だね

・色が暗くて，穴の中に落ちていくみたい

② 段ボールででこぼこ画面をつくろう

（構想）

・段ボールをはがすと，波の面が出てきた
よ。これを付けたら海面みたいだ

・布はカーテンみたいにして置いてみようか
な

・牛乳のキャップをつなげて貼るとうろこみ
たいになったよ

③ White ワールドをつくろう （構想）

・布のくしゃっとした形を残したいから，粘
土をしっかり染み込ませよう

・筆では塗りにくいから，手で付けてみよう
厚く塗ったり，薄く塗ったりできるよ

・塗る前とイメージが変わったよ

④ でこぼこワールドをつくろう
何かに見えてきた！ （構想）

・ドングリやアルミホイルが岩みたいに見え
るよ

・色々な材料を貼ったら，壊された世界みた
いに見えてきた

・魚をイメージしてつくったけど，部分的に
見たら龍に見えてきた

・画面を逆さまにしたら，違うものが見えて
きた，他の向きはどうかな

⊃指導ポイント①

・抽象表現の作品を選び，様々な表現を知る
場をつくる

・作品の形や色からイメージしたことで，読
み札をつくるようにする

⊃指導ポイント②

・液体粘土を塗った状態の参考作品を提示す
ると，製作に見通しをもって取り組むこと
ができる

・段ボールに貼りつける素材は，児童が用意
をするが，教師もたくさん集めておくと，
児童も組み合わせを楽しむことができる

・段ボールをはがして波の部分を出しておい
たり，手で破ったりして，意外な形を見せ
るようにする

⊃指導ポイント③

・もとの素材の色が見えなくなるまで厚めに
液体粘土を塗ると，形からのイメージがし
やすくなる

⊃指導ポイント④

・見立てのポイントを示す
形，組み合わせ，ロング・アップ，回転等

・書画カメラを使って，部分・全体を見た
り，回転をしたりして，見立ての方法を具
体的に見せる

何かに見えてきた

⑤　アートかるたをしよう
　　　　　　　　　　　　　（イメージづくり）
・自分がつくった読み札とよく似ているな
・同じようにイメージした友人がいたよ
・赤い色から温かい感じがしたけど，他の人
　は熱い感じがするらしい
・青や白は寒い感じがするね

White ワールド

⑥　でこぼこワールドをつくろう
　　イメージを色に　　　　　　　　（構想）
・ワークシートで自分のイメージしたことを
　確認しよう
・クレヨンを使うと目立つかな
・塗り始めとイメージが変わってきたから，
　絵の具でもっと色を塗り重ねてみよう
・水を多くすると色がにじんで虹みたいに見
　えていいね
・白っぽくなって，さわやかでいいね

⑦　ようこそ！　でこぼこワールドへ
　　世界博覧会　　　　　　　　　　（鑑賞）
・色から，古い感じがするよ
・緑や青が多いからきれいな海を表している
　のかな
・色がピンクでスイーツの世界みたい
・自分がイメージしてつくったことが伝わっ
　たよ
・おもしろい形ができていたってほめられたよ

⊃指導ポイント⑤
・作品と読み札を掲示しておくと，自分の作
　品にも生かすことができる
・色とその色から感じた言葉を合わせて掲示
　をしておく

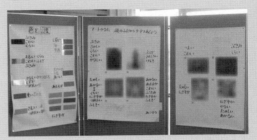

アートかるたでイメージづくり

⊃指導ポイント⑥
・薄く，広い場所から塗るようにする
・抽象的な表現を用いるように，抽象表現を
　用いた作品を掲示しておくとよい

⊃指導ポイント⑦
・友人が何をイメージして作品をつくったの
　か考えるように，作品の題名を伏せて鑑賞
　をする
・形や色に着目して，どこからイメージした
　かを鑑賞カードにかくようにする

イメージを色に

（鈴木　広美）

❸ 手をかこう ～水彩画　色を重ねて～

題材の紹介

　水彩画で人物をかくときは肌色，木や草をかくときは緑，というようにあまり観察もせず，塗ってしまう児童が多い。また絵の具の基本的な使い方もだんだん自己流になり，さらに混色をせずにべた塗りをしてしまう児童が増えてくる年代である。

　普段見慣れているものでもじっくり観察し，絵の具の基本的な使い方を押さえるとともに，重色の技法を教えて，水彩絵の具の味わいのよさを感じ取らせたい。水彩画の単元に入る前のトレーニングとしても使える題材。　　　**2時間完了**

1 　目　標

・手の形や肌の色をよく観察し，混色や重色を工夫しながら質感を表現することができる。

（知識及び技能）

・画面いっぱいに手が入るように，ポーズを決めて画面構成をすることができる。

（思考力，判断力，表現力等）

・1学期にかいた自分の絵と比べ，対象物をじっくり観察することや，混色重色のよさに気付くとともに，自分の成長に喜びを感じている。　　　（学びに向かう力，人間性等）

2 　準備物等

教師：1学期に児童がかいた自分の手の絵

　　　　1学期に自分の好きなように手のポーズを取り，彩色した絵と，今回かいた絵とを比べる。

　　　　4・5月にかかせ，本題材は2学期後半か3学期に実践する。

　　　　八ツ切画用紙半分（手の大きさを考慮すると，八ツ切画用紙半分の大きさが適当）

児童：水彩絵の具セット（透明水彩，不透明水彩のどちらでも可能）

　　　　油性ペン（黒。手の輪郭をかく際に使用）

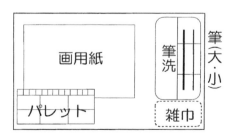

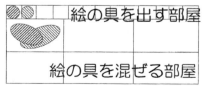

用具の置き方とパレットの使い方

③ 評価シート　手をかこう

評価項目	評価場面	評価規準	評価
知識・技能	②	手の形や肌の色をよく観察し，混色や重色を工夫しながら質感を表現することができる。	
思考・判断・表現	①	画面いっぱいに手が入るように，ポーズを決めて画面を構成することができる。	
主体的に学習に取り組む態度	⑥	１学期にかいた自分の絵と比べ，対象物をじっくり観察することや，混色重色のよさに気付き，自分の成長に喜びを感じようとしている。	

授業づくりのアドバイス

　まず，「肌の色は何色？」と問いかけるところから授業に入ります。児童の手の色＝肌色という概念をなくし，普段見慣れているものでも色々な色が隠れていることを発見する楽しさを味わわせます。また，足し算のように内面から色を重ねる方法を参考作品から視覚的に理解させ，重色の技法を身に付けさせます。最後に，１学期にかいた自分の作品と比べて，自分の成長に気付きます。「できた！」という感動をぜひ味わわせてあげてください。

　指導で特に強調したいことは，以下の４点です。

・１学期に，自由に手のポーズを取らせ，好きな色で彩色した手の絵をかかせて大事に保存しておきましょう。画用紙の大きさ，自分の手のサイズより大きめにかかせるという条件は同じです。

・メダカと手の参考作品は視覚的に重色を理解させるために必要です。がんばって自分でかいてみましょう。

・着彩時に，血管や筋肉の色を塗った後，上から重ねることに抵抗がある児童がいたら，教師が実際にやって見せてあげてください。

・重色を成功させるために，下絵が見える程度に絵の具と水の量を調整することを指導してください。

　製作が始まると児童は，描画や着彩にとても集中して取り組みますし，でき上がった作品を見て，自分や友人の成長にとても満足します。ぜひ，実践してみてください。

絵画
立体
工作
造形遊び
鑑賞

① 手を動かしてポーズを決め，よく見て輪郭をかこう　　　　　　　　（下がき）

・前かいたときと違うポーズにしよう

・油性ペンでかくからやり直しがきかないからゆっくりかこう

・じっくり見てかいたら前よりうまくなったよ

② 肌の色は何色か考えよう　　（色づくり）

・手の色は肌色か少し茶色を混ぜた色

・実際に色をつくって手に塗ってみたら，全然違った。ちょっと濃すぎる

・私は白すぎた。どんな色がいいのだろう

③ 改めて自分の手を観察し，どんな色があるか観察しよう　　　　　（色づくり）

・表と裏では色が違うよ

・握ったときと広げたときでは色が違う

・影ができているところは暗い色になっているよ

④ 塗り方を学習しよう　　　（彩色の仕方）

・メダカみたいに身体の内側から塗るんだね

・手の内側からというと，血管だね

・水で薄くして足し算みたいに重ねて塗るんだね

➡指導ポイント①

・色々なポーズを取らせ，観察させる

・部分からよく見てかくことを伝える
　例：「親指の爪からかく」などと限定するとよりよく観察するようになる

・部分がかけたらその隣から順番にかいていくことを伝える

・実物より少し大きめにかくように言う

・油性ペンでかくと間違えても消せないため慎重になり，丁寧にかける

➡指導ポイント②

・ほとんどの児童が「肌色」「茶色」と言うので，実際にパレットに自由につくらせてみる

・できた色を筆に取り手に塗らせてみると，その違いに驚く

➡指導ポイント③

・手の甲，手のひら，握ったり開いたりしてポーズを変えて観察させる

・見つけた色を発表させ，板書する

・影にも注目させる

➡指導ポイント④

・参考作品を提示しながら，内側からぬることを視覚的に理解させる

・下絵が見える程度に水で薄く絵の具を溶いて色を重ねることを押さえる

・少し乾いてから次の色を重ねるのがポイント

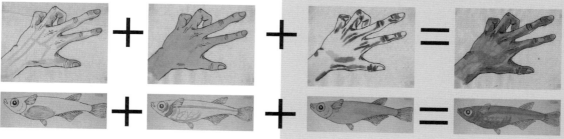

⑤　重ね塗りをしてみよう　　　　（表現）

・私の使う色は何かな

・似た色が出せるといいな

・試し紙で色を塗ってみたら少し濃かった。
　もう少し水を足してみよう

⑥　みんなの作品を見てみよう　　（鑑賞）

・部分によって色が違うよ

・ぼんやりした影の色がリアルだね

・混色や重色をすると色がとてもきれい

・自分が1学期にかいた絵と比べて，とても
　うまくかけた。うれしい

・みんなもよく見てかいて上手になった

⑦　他の絵にも使ってみよう　　　（発展）

・木の葉っぱやカーテンにも重ね塗りの方法
　が使えるんだね

・今度絵の具で絵をかくとき，使ってみたい

・青と茶を混ぜると影のように見えるよ

⑧　学習を振り返ろう　　　　　（振り返り）

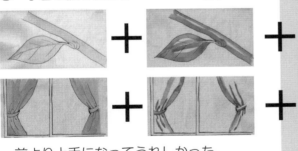

・前より上手になってうれしかった

・○○さんは影もリアルにかけていたので参
　考にしたい

・次に絵をかくときは，重ね塗りをしてみたい

⑨　みんなの作品を展示して多くの人に見て
　もらおう　　　　　　　　　　（鑑賞）

・よく見て丁寧にかいたねとほめてもらった

・リアルな色だねと言われてうれしかった

○指導ポイント⑤

・自分の使う色をパレットの小さい部屋にす
　べて出させる

・水をたっぷり使い大きい部屋で混色させる

・小さい画用紙を用意し，試し塗りさせる

○指導ポイント⑥

・色をよく見てかいた作品を見せ称賛する

・1学期にかいた自分の作品を出して比べさ
　せ，「上手にできた」達成感を味わわせる

 4月 11月

○指導ポイント⑦

・できれば自作の参考作品を見せ，風景画や
　静物画をかくときにも重色の技法が生かせ
　ることに気付かせる

○指導ポイント⑧

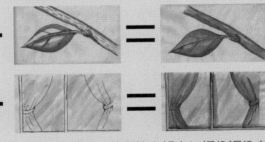

・ポーズ，描画，着彩等を視点に振り返りを
　させ，自分や友人のよさを見つけるように
　指導する

・よさを見つける際に，なぜよいと感じたの
　かを出させるよう心がける

○指導ポイント⑨

・校内や各市町村で開催されている展覧会等
　に作品を展示して多くの人に見てもらう

（石川　充美）

❹ あのときかがやいたぼく ～木版画～

題材の紹介

　自分の小学校生活を振り返り，力いっぱいがんばって「このとき自分は輝いた」と思える場面を想起し，心に刻む1ページとして製作する。緊張感のある白と黒のみの木版画による表現を追求できる題材。

12時間完了

1　目　標

・白黒のバランスを考えたり，彫刻刀の彫り跡の違いを生かしたりして木版画に表すことができる。
（知識及び技能）

・思いの中にある場面を象徴的に表す構図を考え，グループでポーズを取り合うことで，よりよい画面構成をつくり出すことができる。
（思考力，判断力，表現力等）

・人それぞれのフィルターを通した作品に触れ，共有・共感できる思いがあることに気付いている。
（学びに向かう力，人間性等）

2　準備物等

教師：デジタルカメラ，下絵を製作するときに使うもの（上質紙，カーボン紙，赤ペン，青鉛筆，油性ペン，薄墨等），滑り止めシート，印刷するときに使うもの（版画紙（B3鳥の子紙などが適当），インク，練板，ローラー，ばれん，新聞紙等）

児童：構図を考えるときに使うもの（例：ボールや楽器，机，いす等），彫刻刀（切り出し刀，小丸刀，三角刀，平刀）

3 評価シート　あのときかがやいたぼく

評価項目	評価場面	評価規準	評価
知識・技能	⑤	光源を意識して，白黒を決められる。	
	⑦	彫刻刀の種類による彫り跡の特長を生かして，画面に変化をもたせる彫りができる。	
思考・判断・表現	③④	自分の心の中にある画像に近づけようと，ポーズや見る角度を変えながら構図を考えることができる。	
		自分の表現したいモチーフ（人物・背景など）を中心とするための構図を考えることができる。	
主体的に学習に取り組む態度	②	自分の小学校生活を振り返り，輝いた自分を見つけようとしている。	
	⑨	友人の作品を，共感しながら，そのよさを感じ取ろうとしている。	

授業づくりのアドバイス

　版画は，小学校６年間を通して，毎年特色ある版がつくられていきます。小学校で扱われるほとんどが，凸版のようです。低学年では，スタンプやローラーでの遊びから始まっています。紙版画やスチレン版画などを経て，４年生ぐらいから彫刻刀を使った木版画が扱われます。木版画も，一版多色木版画，彩色木版画，彫り進み木版画など様々な表現があります。中でも，黒インクのみを用いた木版画が，多く行われています。白と黒のみに集約された表現のシンプルで力強い画面が好まれるからではないでしょうか。

　この代表的な木版画の表現を，「光」をもとに２つのねらいとして整理しました。

・児童が混乱しがちな，手を加えたところに色が付く描画と違って，彫ったところが白くなるという点を明確な道筋をたどって整理すること

・輪郭線の処理について整理し，可能な限り省略すること（輪郭線が白黒の２本線の作品や白くしたい部分の周りを線彫りしてから中を埋めるように彫った作品も多く見かけます）

　この題材では，自分の小学校生活を振り返って心に残る場面を取り上げることにしましたが，作品のテーマは，児童の生活の中からいくらでも探すことができます。彫り方や道具の扱い方など，過去の経験も蓄積されていきます。準備・片づけの大変さもあるのですが，版画紙を版木からはがすときのわくわくした気持ちと，完成させた作品への達成感は大きなものがあります。年に１題材は，版画を取り入れてみてください。

絵画
立体
工作
造形遊び
鑑賞

4 指導過程

① 小学校でのできごとを振り返ろう
（イメージづくり）

・部活動でこんなことがあったよ

・運動会では組み体操を成功させたね

・修学旅行の金閣寺が印象深いな

② 自分の心の中に残っている１場面を画面に切り取ってみよう　（構想）

・ぐうっとグローブを伸ばしてキャッチしたんだ

・肩が痛くなったけど，拍手が聞こえてがんばれたんだ

・京都の見学の最後に見た金閣寺は，太陽の光を受けて輝いていたよ

③ 象徴的な一言を添えて，デジカメを使って構図を考えよう　（構想）

・フライングキャッチをしているから，いすで体を支えよう

・見上げている感じを出したいから，脚立を使って下から撮ってみよう

・もっと顔をアップで撮ったらどうかな

・横からもいいけど，前からや斜めからも試してみよう

④ 画像の構図を参考にして，下絵をかこう
（表現）

・グローブは，自分のを見てかきたいな

・かきにくいときは，モデルをしてね

⑤ 転写をして，白黒決めよう　（表現）

・スポットライトのように光源を決めよう

・元が白いものには，影ができるね

・元が黒いものには，光が当たるね

・ちょっと黒が多いほうが力強いな

⮕指導ポイント①

・あの瞬間，自分は心が震え輝いていたと思える瞬間を思い出させる

・同じジャンルの者で，人数不定のグループをつくっておくとよい

⮕指導ポイント②

・写真のシャッターを切るように，輝いている自分を思いえがいてみよう

⮕指導ポイント③

・グループで場面を再現し撮影させる。何枚か撮影して，よりよいものを選ぶようにさせる

・色々な角度から撮影させる

・モニターを見て，確認させる

・場合によっては，手足が切れてもよいことを伝える

デジカメを利用して構図を考える

⮕指導ポイント④

・下絵を左右反転させ，版木にカーボン紙を使って転写する。赤ペンを使ってかき忘れをなくす

⮕指導ポイント⑤

・左右反転した下絵で行う

・黒くしたい部分に青鉛筆を塗る

・白い部分の上部に青鉛筆で影をつける

・黒い部分の下部に消しゴムをかける

⑥　墨入れをして，薄墨をかけよう　（表現）

・下絵に青鉛筆を塗ったから，どこを黒くするか大体分かるね

・部分同士の重なりが上のところからやれば，輪郭線の分だけ細くならないんだね

・黒と黒が重なり合うところは，白い輪郭線をつくっておかないとね

⑦　彫刻刀の彫り跡の違いを生かして，版をつくろう　（表現）

・切り出し刀の持ち方と他の刀の持ち方は違うんだね

・輪郭をはっきり出したいときは，切り出し刀を使って木の繊維を切っておくとよかったんだよね

・丸刀と三角刀では，彫り跡のやわらかさがちがうなあ

・平刀は，ぼこぼこしておもしろいね

・同じ服の中の光と影は，輪郭をぼかしたほうがいいね

・彫る方向を考えて，丸みや流れを出すといいね

・彫り残しの多少でも明るさが変わってくるね

⑧　印刷をしよう　（表現）

・一方通行でインクを練るんだね

・ローラー1回転でインクが盛れるのは，このぐらいだね

・半分ずめくって，濃さを確かめよう

⑨　みんなで作品を見合おう　（鑑賞）

・試合中の気合が伝わってくるよ

・ボールに光が集中していて，迫力がある

・メロディーが聞こえてくるようだよ

⮕指導ポイント⑥

・薄墨かけをするために，油性ペンを使うようにする。両端に太い芯と中ぐらいの芯があるものが作業効率がよい

・重なりの上の部分から始め，黒い部分の下にさらに黒い部分があるときは，下の部分で白い輪郭線を取るように伝える

・薄墨は，墨汁を30倍程度に薄めたものを用いるが，必ず濃さを試してから行う

⮕指導ポイント⑦

・刀の持ち方を徹底し，安全に使えるようにする

・滑り止めシートを利用し，刀を持たない手で版木を抑えなくても製作できるようにする。シートは，版画板よりも，動かしやすく彫る方向を用意に変えやすい

・刀による彫り跡の違いを作例で示したり，版木の裏に試し彫りをしたりするとよい

よく使う彫刻刀と持ち方

⮕指導ポイント⑧

・薄墨がかけてあれば，ほぼ印刷に近い版ができるので，印刷してから修正彫りをする必要はほとんどない

・インクの量の目安やローラーの使い方を指導しておく

⮕指導ポイント⑨

・作者の思いを感じ，共感する

・縮小して文集等のカットに活用することもできる

（滋野井 貴子）

❺ 一版多色木版 〜干支のカレンダーをつくろう〜

題材の紹介

　小学校高学年の教科書に登場する一版多色木版や彫り進み木版は，単色の木版とは違って，様々な色を使った表現が楽しめる。1枚の紙に，色とりどりの絵の具で刷り重ね，だんだん作品が仕上がっていくおもしろさを味わわせることができる。

　5年生なら，自分の干支が巡ってくるときである。そこで，新しい年の1月に飾ることができるよう，2学期中に製作に取りかかるようにする。生まれ年の干支を表現しながら1年のカレンダーをつくることのできる題材。

6〜8時間完了

1　目　標

・一版多色木版の製作手順を理解し，自分の表したいことに合うように，彫る線の太さや配色，絵の具の濃さについて工夫することができる。　　　　　　　　　　（知識及び技能）

・一版多色木版の特徴から，表したいことを見つけたり，構図や配色，刷る手順を考えたりすることができる。　　　　　　　　　　　　　　　　　（思考力，判断力，表現力等）

・一版多色木版に工夫して表すことに取り組み，表したかったこと等について話し合い，表し方の特徴やよさを感じ取れる。　　　　　　　　　　　　（学びに向かう力，人間性等）

2　準備物等

教師：干支の見本となる資料，カーボン紙，トレーシングペーパー，版木（八ツ切画用紙程度），刷画紙（濃い色の画用紙），ばれん
　　　※一版多色木版の仕組みを理解させるために，製作過程が分かる参考作品などを用意する。

児童：彫刻刀（主に三角刀，丸刀），水彩絵の具セット，新聞紙

参考作品

③ 評価シート　一版多色木版

評価項目	評価場面	評価規準	評価
知識・技能	③⑤	一版多色木版の製作手順を理解し，自分の表したいことに合うように，彫る線の太さや配色，絵の具の濃さについて工夫することができる。	
思考・判断・表現	②	一版多色木版の特徴から，表したいことを見つけたり，構図や配色，刷る手順を考えることができる。	
主体的に学習に取り組む態度	⑦	一版多色木版に工夫して表すことに取り組み，表したかったことなどについて話し合い，表し方の特徴やよさを感じ取ろうとしている。	

授業づくりのアドバイス

　個人の絵の具セットを使用するため，ローラーや大型パレットを使用する「刷るコーナー」のような机が必要なくなります。そのため，普通教室でも製作が可能です。

　児童一人ひとりのスペースに絵の具を広げることになるので，広いスペースを用意できたほうが作業はしやすいでしょう。

　一度刷った上から，重ねて刷ってみると，色の重なりや自然についた刷り跡の美しさに，児童から歓喜が上がります。絵をかくのが苦手な児童も「これは楽しい」と言ってくれるほどみんなで楽しむことができます。

　どんな色にしようか考えながら色づくりをしたり，力加減はどのくらいがいいか試したりしながら刷ったりすることで，一人ひとりが表現の追求に没頭し，教室が静かになります。

　本題材を行うと子供たちが，どんどん夢中になっていきます。題材を終えた後も「来年の年賀状を自分も彫ってみよう」と主体的な取り組みにつながっていくこともあります。おすすめの題材です。ぜひ取り組んでみてほしいと思います。

絵画
立体
工作
造形遊び
鑑賞

4 指導過程

① 一版多色木版の表し方について理解しよう （導入）

・１つの版でつくるんだね
・浮世絵も版画なんだね

② 表したいことを考え，下絵をかこう （構想）

・一番の思い出を絵にするよ
・細かいところは省略するよ
・カーボン紙やトレーシングペーパーを使って，版木に絵を写し，文字等の逆転を防ぐんだね

カーボン紙で転写する

③ 下絵に沿って，彫ろう （彫る）

・彫刻刀の種類と正しい彫り方，取り扱い方を確認するよ
・彫刻刀の前に手を置かないようにして彫ると安全だね
・三角刀と丸刀を主に使うよ

④ 刷り紙を２枚，版木に貼りつけよう （刷る準備）

マスキングテープで，しっかり貼る。

・版木４辺のうち，１辺に３カ所くらい貼るとずれないね

➡指導ポイント①

・この時間の前に，浮世絵の鑑賞の授業などで版画の仕組みを解説しておくのも１つの方法である

➡指導ポイント②

・干支の絵の他にも，「１年の思い出」をテーマとして，林間学校の絵や修学旅行の絵などもよい。特に，夜の風景にすると，黒い刷り紙に，炎や星の色が鮮やかに浮かび上がる
・彫刻刀を使って彫るので，細かすぎる表現は避けたほうがよいことを知らせる
・彫ったところには色が付かないこと，刷り紙の色になるということを念押しする

➡指導ポイント③

・彫刻刀の前に手が出ないよう，常に手前から奥に向かって彫らせる。その際，滑り止めを敷く場合もあるが，手前から奥へと版木の方向を変えるために，版木を回す回数が多くなるので，作業板を使ったほうが効率がよい
・表現したいものの質感や丸みを出すために，彫る線を太くしたり，細く重ねたりするとよいことを伝える

➡指導ポイント④

・版画紙を濃い色にすると，絵の具がはっきり見えて見栄えがよくなる
・背景の色の色画用紙を使うと，製作時間の短縮になる

⑤　木に絵の具をのせよう　　　　　　（刷る）

・はじめに，どのくらいの水量が適しているのか，予備の色画用紙で試すといいね

・刷る面の大きさに合わせて，つくる絵の具の量を考えるよ

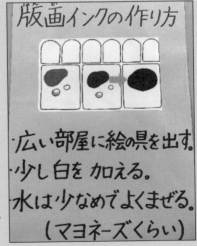

刷るポイントを知らせる

⑥　台紙に貼ろう　　　　　　　　　　（完成）

⑦　友人の作品のよさを話し合おう　（鑑賞）

作品に表したいと思ったことや工夫したことを作品カードに記入する。

・印刷がずれずにきれいにできているね

・彫り方が丁寧でいいね

➡指導ポイント⑤

・はじめに，どのくらいの水量が適しているのか，パーツの広い部分で試したり，予備の色画用紙で試したりさせる

・広い面積に絵の具を付けると，途中で乾燥してしまうことがある。少しずつ色をのせて刷らせる（色の境目はできない）

・彫ったところに絵の具が入り込むと，輪郭線が消えてしまうので，気付いたときに，再度彫らせる

・強調したい部分や修正したい部分は，完全に乾燥させてから，刷り重ねさせる

・版画紙に濃い色の色画用紙を使う場合，黄色や緑色，青色は，絵の具の種類によっては，透明度が高く，色画用紙の色が透けてしまうことがある。そのときには，透明度を下げるために白色を少量混ぜさせる

・1つの面にも複数の色を混ぜたり，重ね塗りをしたりして，色の表現を楽しむことができる

色づくりのポイント

➡指導ポイント⑦

・彫り方，色など，具体的な鑑賞の視点を与えて交流させる

（原田　敦子）

絵画

立体

工作

造形遊び

鑑賞

❻ 身近なものを見つめて ～お気に入りの場所で～

題材の紹介

　本題材では，中間鑑賞する機会を多く設け，友人とコミュニケーションをしながらよいところ見つけをする中で，一人ひとりの感性を高めさせることができる。また，鑑賞で発見したことをカードに記録させ，見つけたよいところや友人からのアドバイスを積極的に自分の作品に取り入れる活動も含んでいる。さらに，対象物を触ったり，よく観察したりすることによって，発見したことも表現に生かす経験をすることができる。

　卒業を控え，これまでの生活を振り返る中で，日常の生活の中で自分のお気に入りのものや場所を改めて見直して，それらを組み合わせて思いがよく伝わるように工夫しながら絵に表すことを楽しむことができる題材。

9時間完了

1　目　標

・大切なものの形を写実的にかいたり，混色や重色を工夫しながら質感を表現することができる。

（知識及び技能）

・画面全体のバランスを考えながら，ものの配置を決めて画面構成をすることができる。

（思考力，判断力，表現力等）

・大切に思う風景を見つけ，絵に表すことに取り組もうとする。　（学びに向かう力，人間性等）

・自分や友人の絵を見て，大切にしたい思いや作品のよさを感じ取り，製作に生かしている。

（学びに向かう力，人間性等）

2　準備物等

教師：四ツ切画用紙，油性ペン，推奨作品，卒業生の作品，デジタルカメラ，イメージマップ，
　　　ワークシート（色相環と色づくり），学習カード，付箋

児童：部活動や習い事，学校生活等で児童が大切にしてきたもの（例：
　　　グローブ，シューズ，楽器，ランドセル，帽子，植物，楽譜等），
　　　水彩絵の具セット（できれば透明水彩）

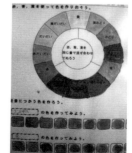

ワークシート

③ 評価シート　身近なものを見つめて

評価項目	評価場面	評価規準	評価
知識・技能	⑦⑧	大切なものの形を写実的にかいたり，混色や重色を工夫しながら質感を表現することができる。	
思考・判断・表現	⑤⑥	画面全体のバランスを考えながら，ものの配置を決めて画面を構成できる。	
主体的に学習に取り組む態度	⑨⑩	大切に思う風景を見つけ，絵に表すことに取り組もうとしている。	
		自分や友人の絵を見て，大切にしたい思いや作品のよさを感じ取り，製作に生かそうとしている。	

授業づくりのアドバイス

　この題材は，小学校生活を振り返る中で，大切にしてきたことや，特に心に残っていることを自分で選んで決定し，主題を決めて製作に取り組みます。テーマを自分で決定し，完成まで思いを強く持ち続けて製作に向かうことで，完成時には，大きな達成感を味わうことができます。また，1つの物をじっくりと見て，触って感じることで，そこから得た感覚を言葉にしたり，仲間と共有したりしながら，感性を高めることもでき，「感情や経験」と「かく活動」とを結びつけて，学びを深めることができる題材です。

　指導で大切にしたいことは，以下の4点です。

・テーマ決定をしっかりと行い，完成時まで思いを持ち続けることができるように支援すること
・構図を決定するまでに，多くの作品や写真を見たり，友人と話し合ったりすることで，より思いに合った構図を考える楽しさを味わわせ，かきたいという意欲につなげていくこと
・水彩絵の具の使い方，混色・重色の方法を丁寧に確認しながら進めること
・中間鑑賞を積極的に行い，友人の作品から様々な技法や工夫を学び，自分の作品に生かすことで，さらに納得のいく作品ができることを実感させること

　「創造は模倣からはじまる」といわれながらも，友人の作品をまねして，かいたりつくったりすることは，いけないことだと思っている児童はたくさんいます。ただまねをするのではなく，友人と共に技法を学び，自分の作品に合うように試行錯誤して製作を重ね，そこから得た達成感を，卒業後の製作活動などにも生かして欲しいという願いが込められています。

4 指導過程

① よいところを見つけよう　　　　（鑑賞）

・ランドセルに思い出が詰まっている感じがするよ

・触れそうな感じで本物みたいだ

② イメージマップをかこう

（かきたいものを考える）

・花壇の花がいつもきれいだったから主役にしたいな

・思い出が詰まった校舎を背景にかきたいな

・野球のグローブには，仲間との団結の気持ちがしみこんでるよ

③ 思い出の場所を写真を撮ってみよう

（かきたいものを選ぶ）

・ランドセルを手前に大きく撮ってみよう

・下駄箱は背景にするといいかな，手前の主役は何にしよう

④ 思いが伝わる構図を見つけよう　（鑑賞）

・手前の花と奥に見える花の遠近感がいいね

・手前の楽器の光っているところから，大切にしてきた感じがするよ

⑤ 思いが伝わる構図を考えて話し合おう

（構想）

・手前に好きだった花を，背景は思い出の校舎にしたいな

・ランドセルを大きくかいて，教室の感じをかきたいな

⑥ 話し合いをもとに構図を考えよう

（構想）

・校舎を斜めにして，遠近感を出してみようかな

・もう少し傘を大きくかいてみよう

➲指導ポイント①

・よいと思うこと，感じたことなどを自由に話し合う

・学校外のこと（習い事やクラブ等）に関するものも受容する

➲指導ポイント②

・主役と背景について考えさせ，思い浮かぶことや事実をどんどんかき込むようにさせる

イメージマップ

➲指導ポイント③

・学校風景の中で，お気に入りのものや場所の写真を撮影する

➲指導ポイント④

・複数の写真の中で，遠近感が表れていて思いにより合っている写真はどれか話し合う

・思いを確認し，より思いに合う大きさや奥行きを考えて，撮影されているものを見つけるようにさせる

➲指導ポイント⑤

・自分が選んだものや場所に対する思いが伝わるように画面構成をし，表現が思いに合っているかどうか，話し合う

・写真で見つけた構図のポイントが，作品にも表れているか確認する

➲指導ポイント⑥

・話し合ったことを生かしながら，自分の思いがさらによく伝わるように構図を再度考え，話し合う

⑦　三原色の色遊びをしよう　　　　（表現）

・赤といっても，色々な赤がつくれるね

・校舎の壁や花壇の煉瓦の色もつくれそうだね

⑧　思いが伝わるように彩色し，話し合おう

　　　　　　　　　　　　　　　（表現・鑑賞）

・色々な赤色を使って，ランドセルを塗ってみたよ

・校舎にありがとうの気持ちを込めて，淡い色合いで塗ってみたよ

⑨　主役がはっきりするように彩色しよう

　　　　　　　　　　　　　　　（表現・鑑賞）

・思いが強く表れるように，手前の主役はもっと濃く表してみよう

・手前の花はタッチを変えて，表してみよう

・背景の色は，奥にいくほど薄くなるようにしてみよう

⑩　鑑賞会をしよう　　　　　　　（鑑賞）

・混色や重色の技法を生かして，とてもきれいにかけているね

・遠近感がとても表せているね

・一人ひとりの思いが込められた作品になったね

◯指導ポイント⑦

・三原色を使った色遊びを行い，どんな色で彩色するのか，イメージをふくらませる

・主役に合う色や背景に合う色をつくってみて，主役が目立つかどうか考えさせる

◯指導ポイント⑧

・遠近の差が分かりにくい部分や，友達に指摘された部分について，思いを確認しながら改善する方法を具体的に知らせる

◯指導ポイント⑨

・前時の鑑賞で話し合って見つかったことが改善できるように指導する

実物を見ながら

思い出の道具

完成作品▼▶

希望の鐘と校舎

（野村　恵理）

❼ 私の大切な風景

題材の紹介

　日頃の生活の中にある自分にとって大切な風景を見たり思い浮かべたりしながら，そのときの様子や思いに合う形や色の特徴を捉え，工夫して絵に表すことを楽しむ題材。　10時間完了

1　目　標

・大切なものの形を写実的にかいたり，混色や重色を工夫しながら質感を表現することができる。
　　　　　　　　　　　　　　　　　　　　　　　　　　　　　　　　（知識及び技能）
・画面全体のバランスを考えながら，配置を決めたり，視点を決めたりして画面構成をすることができる。
　　　　　　　　　　　　　　　　　　　　　　　　　（思考力，判断力，表現力等）
・絵は見た目だけのよさでなく作者の気持ちや思いが込められていることに気付こうとする。
　　　　　　　　　　　　　　　　　　　　　　　　　（学びに向かう力，人間性等）

2　準備物等

教師：パソコン，プロジェクター，実物投影機（書画カメラ），四ツ切画用紙，ワークシート
　　　（下がき）
児童：水彩絵の具セット

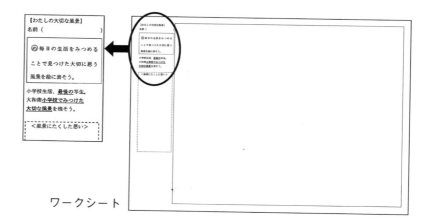

ワークシート

評価項目	評価場面	評価規準	評価
知識・技能	②③	形そのものがもつ方向感，材質感の違い，動き，奥行，バランス，色の鮮やかさを理解して対象物を選び，かくことができる。	
		用具を表現に合わせて適切に生かすことができる。	
思考・判断・表現	④⑤⑥	大切な風景に対する思いを明確にし，その思いが伝わるように画面構成を考え，工夫することができる。	
		友人の作品から学んだよさをその後の製作で自分の作品に生かすことができる。	
主体的に学習に取り組む態度	⑦	主体的に作品に関わり，作品の形や色などのよさや美しさを感じ取ったり，作品の意図や製作者の気持ちなどを深く読み取ろうと考えたりしている。	

授業づくりのアドバイス

　高学年になるとかくことへの苦手意識が高まります。だからこそ，安心してかくことができる環境を整えることは大切だと思います。そのためには，導入を工夫する，かく経験を増やすといったことが必要ではないかと考え，実践を行いました。また，小学校は中学校ほど技術を教えることは求められていませんが，児童が求める表現をするためには，基礎・基本となる技術は必要になります。児童がどんな表現を求めているのか，それを実現するためのこまめな声かけも大切にしていきたいです。限られた時間の中で，基礎・基本を繰り返し振り返ることで，児童がこれから表現する土台をつくっていけるようにしていけたらと思います。

絵画

立体

工作

造形遊び

鑑賞

4 指導過程

① あるある劇場 （造形的な特徴を捉える）

○絵をかくとき，次のようなことがよくありませんか（パワーポイントで紹介）。

(1)見てかいたのに似ていない

　見ながら手を動かすのではなく，頭の中で形のイメージを明確につくってからかこう。かいた絵と対象物をよく見比べながら，かき進めよう。

(2)途中でかくのをあきらめる

　→一度で完成させようと思わずに始めよう。「よくなる」と信じて少しずつ絵にかき加えていくことが大切

(3)一部だけ描写が細かく，全体的に偏りがありバランスが悪い絵になる

　→まずは，画用紙全体に「こんな感じ」と大雑把に薄くかき，次に対象物を細く観察し少しずつ少しずつかき加えよう

(4)木をかくとき葉がうまくかけない

　→葉は絵の具でかけば十分。無理に鉛筆でかく必要はない

(5)立体的にかけない

　→影があると立体的になる。影は光の反対側に濃くできる。影は形に合わせてかくとその形がよく伝わるよ（○のように）

　→線を意識すると立体的にかくことができる。例えば，

・画用紙の底辺に垂直に縦線を引くとものは立っているように見える

・線と線の幅に注目して奥行を出す

・線の傾きによって遠近感に違いが出る

➲指導ポイント①

・児童がうまくいかないと感じる場面の手立てを先に紹介することで，児童の気持ちを高める

・パワーポイントを使い，視覚的に造形的な特徴の知識を紹介することで，児童の表現の幅を広げ，欲する表現へと近づかせる

あるある劇場

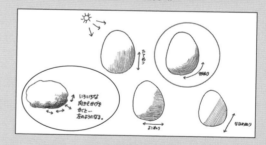

陰影の表現

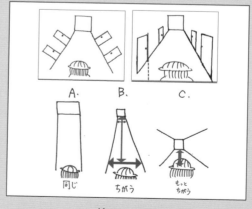

線について

44

② クロッキー　　　（かく経験を増やす）

○あるある劇場で学んだことを参考に絵をかいてみよう。

○始業前のスキルタイム（10分）を使い、身近なものを1つかいてみよう。

③ 色をつくろう・塗ろう

　　　　　（用具を用いる経験を増やす）

○赤・黄・青をベースに少しずつ色を加えながら変化させ、自分だけの色見本をつくろう。

○つくった色を使ってみよう（円や立方体などがかかれた画用紙を使い着色する）。

○クロッキーでかいた作品を色で表現しよう。

④ みんなの作品を見て参考に　　　（鑑賞）

○人によって違う色の生かし方のおもしろさを味わおう。

⑤ 大切な風景を見つけ、かく　　　（構想）

○小学校をかく最後のチャンスだから、一番大切な風景を見つけよう。

○思い出のランドセルをかくなら、画面の真ん中にランドセルを置くのか、中身を見せたほうがいいのか、向きはどうするのか、たくさん試してから決めよう。

○立って見たり、斜めから見たり、座って見たり、上から見たり、近づいて見たり、下から見上げたり、ものを動かしたり、たくさん見せ方を試してから決めよう。

⑥ 着彩しよう　　　　　　　　　（表現）

○色見本を使いながら、自分の感じた色で着色しよう。

○一度でぬるのではなく、乾いたら重ねるなど、時間をおいて少しずつ色を加えていこう。

⑦ 完成した作品を鑑賞しよう　　（鑑賞）

○自分が見ている風景と他の人が見ている風景との違いにも注目して見てみよう。

�**◯**指導ポイント②

・対象物は、簡単な形で輪郭が明確なもの、陰影の表現の練習になるものを提示する（のり、消しゴム、鉛筆、ボンド、ミニ黒板消し、こま、お手玉、数図ブロックなど）

・対象物の大きさは画用紙の大きさに収まるようにする

◯指導ポイント③

・実物投影機を使い、重ね塗りや彩度の高い色と低い色を使い分けながらかく様子、陰影の彩色表現を見せる

・鉛筆のデッサンを参考に、形に合わせて筆のタッチを生かして陰影を表現させ、陰影の彩色表現に慣れさせる

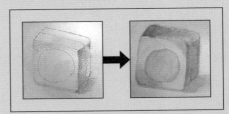

デッサンから彩色表現へ

◯指導ポイント⑤

・かきたいものが一番伝わるように、枠を使って風景をどこまでかくか確認させる

・（あるある劇場で紹介したような）線の意識をもたせながらアドバイスを行う

◯指導ポイント⑥

・ワークシートに着色させたり、色見本に色を付け加えさせたりしながら、思う色に近づくことができるよう声をかける

◯指導ポイント⑦

・大切に思う風景をどのように伝えようとしているかに注目し、よさを見つけさせる

（竹田　沙矢香）

絵
画

立
体

工
作

造
形
遊
び

鑑
賞

8 大切なものへこめた思い　～水彩画に詩を添えて～

題材の紹介

　小学校卒業を控え，これまでの生活を振り返らせる中で，児童自身が大切にしてきたものを題材に，感謝の思いをもって表現できる。

　また，高学年として，これまで身に付けた知識・技能，思考力・判断力・表現力のすべてを使って表現できる題材。　　　　　　　8時間完了

1　目　標

・大切なものの形を写実的にかいたり，混色や重色を工夫しながら質感を表現することができる。

（知識及び技能）

・画面全体のバランスを考えながら，構図や詩との配置を決めて画面構成をすることができる。

（思考力，判断力，表現力等）

・絵は見た目のよさだけでなく作者の気持ちや思いが込められていることに気付いている。

（学びに向かう力，人間性等）

2　準備物等

教師：八ツ切画用紙（画面構成を考えさせたり，着彩の時間を考慮したりすると，八ツ切画用紙の大きさが適当），ワークシート

児童：部活動や習い事，学校生活等で児童が大切にしてきたもの

（例：グローブ，ユニフォーム，シューズ，ラケット，楽器，ランドセル，筆箱等）

水彩絵の具セット（青，黄，赤，白を使用。筆は4号，10号，12号が使いやすい）

透明水彩，不透明水彩のどちらでも可能

習字道具と面相筆か筆ペン，もしくは油性ペン（詩をかく際に使用）

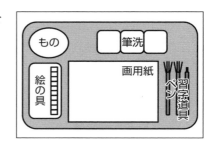

机上の配置

❸　評価シート　大切なものへこめた思い

評価項目	評価場面	評価規準	評価
知識・技能	④⑥	大切なものの形を写実的にかいたり，混色や重色を工夫しながら質感を表現できる。	
思考・判断・表現	③⑧	画面全体のバランスを考えながら，構図や詩との配置を決めて画面構成ができる。	
主体的に学習に取り組む態度	⑨	絵は見た目のよさだけでなく，作者の気持ちや思いが込められていることに気付こうとしている。	

授業づくりのアドバイス

　この題材は，児童の大切なものへの思いが製作へ向かうエネルギーになります。
また，リアルにかきたいという児童の願いを具現化するために，部分に着目させて描画させたり，混色や重色をさせて微妙な色の変化をつけて着彩させたりします。小学校高学年の集中力や根気強さ。そして，卒業という節目を迎える児童にはおすすめの題材です。
　指導で特に強調したいことは，以下の３点です。
・導入時に，大切なものとの関わりを具体的な場面やエピソードで語らせることで，そのものへの思いをもたせること
・描画時には，大切なものの部分からかくことを指導し，それを支援し続けること
・着彩時には，下絵が見える程度に絵具と水の量を調整することを指導すること
　製作が始まると児童は，描画や着彩にとても集中して取り組みます。
　児童の中には，大切なものにまつわるエピソードや思い出話をすることもあり，そうした思いが製作意欲を高めたり，継続させたりすることにもつながります。できあがった作品にとても満足します。ぜひ，実践してみてください。

絵画

立体

工作

造形遊び

鑑賞

4 指導過程

① **小学校６年間での思い出を話し合おう**

（イメージづくり）

・部活動でがんばってきたよ

・６年間休まず学校に通ったよ

② **自分にとって大切なものや思い出のもの は何かを考えよう**

（かきたいもの（モチーフ）を選ぶ）

・部活動で使ったユニフォームや道具や楽器 が大切だね

・おじいちゃんに買ってもらった靴はうれし かったな

・ランドセルにいつも教科書やノートをいっ ぱい詰めて通ったよ

③ **どんな風に絵をかくか考えよう** （構想）

・詩を入れる場所を考えておくよ

・グローブはどの向きからかこうか

・画面にどんな風に筆箱を入れようかな

④ **大切なものをどうかこうか** （表現）

・かいていると楽しかったことや苦しかった ことが浮かんでくるよ

・大切なものの部分からかき始めるといいん だね

・グローブやシューズの穴からかくよ

⑤ **みんなの作品を見てみよう** （鑑賞）

・部分がとても細かくかいてあるね

・部分がしっかりかいてあれば，大切なもの が何かがよくわかるね

・部分をつなげていけば全体の形がかけるん だね

・絵を見るとみんなが大切にしてきたことが わかるね

➲**指導ポイント①**

・努力してきたことやできるようになったこ となどを中心に話し合わせる

・学校外のこと（習い事やクラブ等）でも認 める

➲**指導ポイント②**

・なぜ選んだのかやどんな思い出の場面が浮 かんできたかなど，できる限り具体的に語 り合う

・大切なものが見つけられない児童には，身 の回りにあるものを使って考える

➲**指導ポイント③④**

・できれば参考作品を提示しながら説明する

・大切なものを１つ２つ選ばせるようにする

・詩を入れることを伝え，画用紙の縦横の向 き，対象物の形状を見ながら，およその画 面構成をする

・全体からかくのではなく，部分からよく見 てかくことを伝える

・部分がかけたら，その隣を順番にかいてい くように伝える

楽器の部分からかき始める

⑥　着彩しよう　　　　　　　　　　（表現）

・青・黄・赤の三原色と青・白を中心に使って塗るんだね

・黒を使うと思う色が出しにくいな

・鉛筆の線が消えないぐらいの濃さがかきやすいな

・三原色だけでも微妙に違うたくさんの色をつくることができるんだね

・青と茶を混ぜると影のように見えるよ

⑦　みんなの作品を見て参考に　　　（鑑賞）

・微妙でやわらかな色の変化がかけているね

・金属の鮮やかな感じがかけているね

・何度も塗り重ねるとリアルになるね

・自分もやってみよう

⑧　大切なものへ思いを言葉にしてかこう

　　　　　　　　　　　　　　　　　　（表現）

・ありがとうという気持ちを込めるよ

・おつかれさまと言いたいよ

・大切なものがあったから，がんばってこれたんだね

・これからも大切に使っていくよ

⑨　完成した作品を鑑賞しよう　　　（鑑賞）

・絵と詩のバランスがいいね

・混色や重色をすると色がとてもきれいにかけるね

・微妙な色の変化までしっかりかけているね

・みんながんばってきたんだね

・一人ひとりの思いが込められた作品になったね

・中学校へ行ってもみんながんばろうね

⑩　みんなの作品を展示して多くの人にみてもらおう　　　　　　　　　　（鑑賞）

・とても丁寧にかいたねってほめてもらったよ

・色がきれいだと言われてうれしかったよ

➡指導ポイント⑥

・青・黄・赤の三原色を混色して色をつくることを説明する

・暗部には青を混色したり，明るい色をつくる場合は白を混ぜることを伝える

・黒はなるべく使わないように指示する　影は青と茶を混色して着彩するとよい

・着彩も描画と同じで部分からかき始める

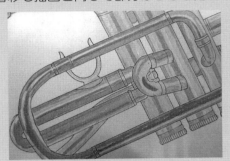

部分の微妙な色の違いをとらえる

➡指導ポイント⑦⑨

・画面構成，描画，着彩，詩の言葉等を視点に鑑賞させ，一人ひとりのよさを見つけるように指導する

・よさを見つけさせる際に，なぜよいと感じたのか，考えたのかを表出させるよう心がける

➡指導ポイント⑩

・校内展や各市町村で開催されている展覧会等に全員の作品を展示して多くの人に見てもらう

（中村　僚志）

❾ 心を合わせて ～Let's enjoy 水墨画～

題材の紹介

　高学年になると，教科学習や修学旅行等の行事で，日本の歴史や伝統文化について学ぶ場面がある。「水墨画」は中国伝来の描法ではあるが，我が国の伝統的な絵画の１つであり，日本画の中でも身近で親しみやすいものである。

　個々が墨でかいたモチーフを，同一画面上で構成し，協働してクラス全体で１つの作品をつくり上げる題材。

6時間完了

1　目　標

・墨の濃淡，ぼかしなど，墨と用具の特長を生かし，色々な方法を試しながら自分の思いに合うモチーフを工夫して表現することができる。　　　　　　　　　　　（知識及び技能）

・全体のバランスを考えながら，モチーフの配置を決めて画面構成をすることができる。

（思考力，判断力，表現力等）

・モチーフに込められた作者の夢や願い，思いに気付いたり共感したりし合える。

（学びに向かう力，人間性等）

2　準備物等

教師：モチーフをかくための参考資料（水墨画画集，動物図鑑等）

　　　和紙

　　　　試しがき用に半紙等を用意しておく。障子紙等を代用してもよいが，障子紙は，にじみやすいので，にじみなくかきたいと思った場合には不向きである。ドーサを塗るとよい。

　　　刷毛や筆ペン等

児童：習字道具（水彩絵の具用の筆を使用してもよい）

　　　水彩絵の具（彩色を施す場合），のり

③ 評価シート　心を合わせて

評価項目	評価場面	評価規準	評価
知識・技能	③	墨の濃淡，ぼかしなど，墨と用具の特長を生かし，色々な方法を試しながら自分の思いに合うモチーフを工夫して表すことができる。	
思考・判断・表現	④⑥	全体のバランスを考えながら，モチーフの配置を決めて画面構成することができる。	
主体的に学習に取り組む態度	⑧⑨	モチーフに込められた作者の夢や願い，思いに気付き，共感しようとしている。	

授業づくりのアドバイス

　高学年になると，教科学習や修学旅行等の行事で，日本の歴史や伝統文化について学ぶ場面があります。「水墨画」は中国伝来の描法ですが，我が国の伝統的な絵画の１つでもあり，日本画の中でも身近で親しみやすいものです。

　児童にとっては，馴染みの少ない屏風や掛け軸，障壁画等の非日常的な水墨画作品も，自分自身を投影したモチーフを墨でかくという体験を通して，等身大の目線で水墨画を楽しむことができたようです。

　個々がかいたモチーフを切り取り，同一画面上に結集させ，画面に配置しながら，全体の構成を考える中では，自然に仲間同士のコミュニケーションが生まれます。中央にかいた川に参集する生き物が集う１つの社会を形成していくイメージで，作品をつくり上げて，全体を俯瞰するような構図に仕上げることで，一見すると統一性のないモチーフも，画面の中でつながりました。

　指導で心がけたいことは，以下の３点です。

・自分の夢や思いを込めたモチーフとは，どのようなものかを考える時間を確保すること（授業に入る前に，モチーフについて考える期間をもつとよい）
・墨でかく色々な表現方法を試すことができる場を設定すること
・薄墨から濃墨まで，卵パック等を活用し，分かりやすく提示すること（P52写真参照）

　製作が始まると児童たちは，様々な表現を楽しみます。現代的なモチーフも，墨でかくとペンとは違った味わいのあるモチーフとなります。思い通りにいかなければ，再度かき直す機会を与えることで，児童は，安心してかくことを楽しめます。

4 指導過程

① 作品を鑑賞して話し合おう　　（導入）

・水墨画の資料や参考作品を見てみましょう

・真ん中に川が流れているね

・鳥の羽のかき方がおもしろい

② 自分の願いや思いを込めたモチーフとは，何かを考えよう　　（構想）

・自分と同じ眼鏡をかけた鳥をかこう

・高速で飛ぶハヤブサのような卓球選手になりたい

・苦労をしない（不苦労）フクロウをかきたい

③ 墨を使ってモチーフをかこう　　（表現）

・はじめは，薄墨でかいてみよう

・にじみやぼかしを生かした表現にしてよう

・筆の太さを変えたり，刷毛を使ったりしてかいてみよう

モチーフをかく様子

④ モチーフを並べて，画面全体の構成を考えよう　　（構想）

・中央に川が流れている構図にしよう

・生き物が，水辺に集う様子をイメージしよう

・大きいモチーフは前方に，小さいものは後方に並べると遠近感が出るね

➡指導ポイント①

・かかれているモチーフや背景について，感じたことを伝えさせる

・作品には，作者の思いや願いが込められていることに気付かせる

➡指導ポイント②

・自分の思いや願い，なりたい自分，夢について考えさせる

・自分を他のものに例えるとしたら……という視点でも考えさせる

➡指導ポイント③

・参考にしたい図や資料をもとに下絵をかかせる

・薄墨でスケッチをするようにかかせる

・筆に水を含ませてかいてみたり，かさかさな状態でかかせたりしてみる

・筆や刷毛を使った表現も試させる

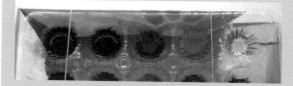

卵パックを利用して薄墨→濃墨を視覚化

➡指導ポイント④

・画面全体のバランスを見ながら，モチーフの大きさを考慮して，画面に並べさせる

モチーフを並べて

⑤　モチーフを画面に貼りつけ，鑑賞しよう
　　　　　　　　　　　　　　　　　　　（鑑賞）

・みんなのモチーフを貼りつけると，大きな
　作品になるね
・川の中にいる生き物は何かな？
・岩をかいて，その上に鳥が止まっているよ
　うにしようかな？

⑥　周りの様子をかき加えよう　　　　（表現）

・周りに花をかいてみよう
・もう1つモチーフをかいてみたいな
・鳥が止まれるような岩場をかこう

⑦　自分の思いを言葉にしてかき入れよう
　　　　　　　　　　（言語表現：道徳との関連）

・作品名を「あい」として，たくさんの「あ
　い」が込められた作品にしよう
　（例）助け合い，ふれあい，学びあい
　　　　藍，愛，Ｉ（私自身）など

⑧　完成した作品を鑑賞しよう　　　　（鑑賞）

⑨　作品を展示して多くの人に見てもらおう
　　　　　　　　　　　　　　　　　　　（鑑賞）

・卒業式前に，廊下に掲示をしよう

➡指導ポイント⑤

・モチーフの位置を決めたら，画面に貼りつ
　けさせる（画面と一体化するように紙の隅
　まで，きちんとのり付けをして貼るとよ
　い）
・画面全体を見て，感じたことを自由に話し
　合わせる
・こうするといいね！　と具体的に話し合わ
　せる

➡指導ポイント⑥

・背景の様子もかき入れさせる

➡指導ポイント⑦⑧

・背景部分に，絵や言葉をかき入れ，クラス
　全員でつくるようにする

➡指導ポイント⑨

・行事等に合わせて，校内に掲示をし，多く
　の人に見てもらえる機会をもつとよい

（浅尾　知子）

絵画

立体

工作

造形遊び

鑑賞

⑩ 墨で表す（水墨画）　〜濃淡・にじみ・かすれを楽しみながら〜

題材の紹介

　小学校の学習教具として墨は，文字をかくために使うことが多かった。その墨を本題在では画材として使用する。書写の時間に半紙に絵をかいた経験がある児童もいるかもしれないが，本題材では，さらに水を加えたり，筆以外の画材を使用したりして水墨画の様々な表現を経験し，墨で表すよさを味わわせたい。

　6年生社会科では，室町文化の偉人として雪舟の学習をする。水墨画とはどのようなものなのかを社会科とともに学習できる題材。　　　　　　　　　　　　　　4時間完了

1　目　標

・色々な方法や画材を使って，自分の思いをかき表すことができる。　　　　　　　（知識及び技能）

・自分の思いを表すために墨の効果を選んだり，組み合わせたりすることができる。

（思考力，判断力，表現力等）

・墨で様々な方法を試すことを楽しみ，水墨画の表現の豊かさに気付いている。

（学びに向かう力，人間性等）

2　準備物等

教師：画材用具（刷毛，水彩画用の筆，割りばし，スポンジ，毛糸等）

　　　　割りばしの先を削り，ペン状にしておく。

　　　和紙（八ツ切，四ツ切を1枚ずつ），鑑賞用ワークシート

児童：習字道具（大筆，小筆，スポイト，墨汁，下敷き，新聞紙）

　　　児童のもつ墨汁には「洗濯で落ちる」ものがある。「洗濯で落ちる」ものは水で薄めると青くにじむことがあるため使

　　　　用しない。

　　　牛乳パックパレット

　　　　絵の具セットのパレットは墨で汚れてしまうので，パックで自作したものを使用するとよい（この製作時間は授業時間に入っていない）

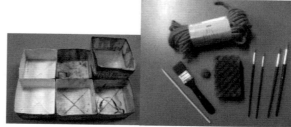

　　　牛乳パックパレット　　　　　　画材用具

❸　評価シート　墨で表す（水墨画）

評価項目	評価場面	評価規準	評価
知識・技能	④	色々な方法や画材を使って，自分の思いをかき表すことができる。	
思考・判断・表現	③	自分の思いを表すために墨の効果を選んだり，組み合わせたりすることができる。	
主体的に学習に取り組む態度	④⑤	墨で様々な方法を試すことを楽しみ，水墨画の表現の豊かさに気付こうとしている。	

授業づくりのアドバイス

　墨は，児童にとって身近なものですが，教具としては未知なものです。墨を使って遊んだことがある児童はいるかもしれませんが，色の濃淡やにじみかすれまでを意識した児童はきっと少ないはずです。水墨画は絵をかくことが得意な児童も苦手な児童もみんな同じスタートラインで取り組める題材です。

　また，初めて扱う題材のため，児童は見通しがもてず不安を感じます。どうかけばよいのかわからず製作が遅れる可能性があります。

　指導のときに配慮したポイントは以下の3点です。

　・常に製作を何人かのグループで向かい合って行い，会話（交流）を認めたこと

　・イメージをふくらますことができるように，題材が終わるまで教室に水墨画の作品を掲示したり，技法や試した表現方法も掲示したりして，いつでも児童が自由に見れるようにしたこと

　・表現の幅を広げるために画材をいくつも用意したり，自作のパレットを使わせたりと汚れても気にしなくてもよいように配慮したこと

　授業中の交流はとても活発でした。表現のまねをすることは悪いことではないと考えます。いいなと思ったら試してみる，使ってみる，そうしていくことが，作品づくりを楽しめる時間になるのだと思います。

絵画

立体

工作

造形遊び

鑑賞

4 **指導過程**

① 水墨画の作品を見よう

（水墨画のよさを感じ取る）

・雪舟の絵は細かい線でかかれている

・色が薄い線や濃い線があるよ

② 墨の表現技法を学ぼう （知識・技能）

・刷毛で水をしみこませてから墨をたらすの
と，墨でたらしてから刷毛ににじませるの
とで違いがあるね

・水の量で濃淡をつけたり，にじませたりで
きるんだね

・墨で絵をかくのは，楽しそう

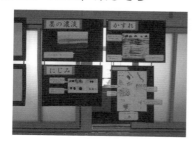

表現技法をまとめた学級掲示

③ 墨の表現技法を試してみよう （表現）

・水に少ししか墨を混ぜてないのにかなり色
は濃くなるね

・○○さんの表現はどうやったの

・○○さんのやり方をまねしてみよう

・○○さんの表現を別の画材でやってみよう

・○○さんと同じようにやってみたけど○○
さんのとは少し違うね

➲**指導ポイント①**

・社会科でも学んだ雪舟の作品を見せる

・雪舟以外にも動物や植物，風景など様々な
水墨画の絵を見せる

・色の濃淡にも注目させる

➲**指導ポイント②**

・墨の濃淡，にじみ，かすれを見せ，様々な
表現技法があることを伝える

・教師が実際に筆や筆以外の画材で表現技法
を試し，児童に見せる

・参考として見せた水墨画や表現技法を表し
たものは学級に掲示し，休み時間などに児
童が自由に見えるようにしてイメージづく
りに役立たせるとよい

➲**指導ポイント③**

・４人グループをつくり，友人の表現を見た
り聞いたりできるようにする

・友人同士で自由に交流することで，表現の
仕方をまねしたり，取り入れたりできるよ
うにさせる

・四ツ切の和紙に様々な表現を試させる

・必ず水に墨を少しずつ混ぜて濃淡をつくる
ようにさせる

・筆先の1/5程度に墨が浸るようにする

・「洗濯で落ちる」墨汁は水で薄めるとかい
た線の周りが青くにじんだり，細かい線が
かけなかったりすることがあるため使用し
ないほうがよい

・習字用の筆以外の画材を多めに用意して，
児童が墨の濃淡やにじみ，かすれを様々な
画材で試せるようにする

友人の表現を試す児童

④ 墨で自分だけの「生き物」を生み出そう（表現）

・にじんだ表現を使って水の中の「生き物」をかこうかな

・細かい線をかきながらうろこみたいにしようかな

・水でにじませて毛の流れを表そう

・筆先をかすれさせて，しっぽを表現しよう

・この形が○○に見えてきた

・向きを変えたら○○に見えてきたので向きを変えてかこう

・○○さんの表現を自分の作品に取り入れてみよう

・にじみと細かい線で葉っぱを表現してみよう

丸筆やスポンジで表現する児童

⑤ 完成した作品に名前をつけよう（鑑賞）

・ここの表現が○○な感じがするから，○○に見えるね

・○○さんはかすれている表現が○○みたい

・絵の具セットのパレットは墨が付くときれいに落ちないことがあるので，牛乳パックを切って製作するなど児童が思いきって活動できる工夫が必要である

・試した表現の中から「お気に入り」の表現を決め，次時に活用する

⮕指導ポイント④

・「生き物」は皮膚の質感が様々で墨の表現を生かすことができるテーマである

・実在する生き物でも想像上のものでもかまわない。植物でもよい

・テーマは児童の実態によって変更すればよい。「生き物」だと広すぎると感じたら「動物」や「植物」のように狭くしてもよい

・「かいていたらこんなものに見えてきた」，という声が聞こえたら，紹介し，偶然見つけた形を生かしてもよいことを伝える

・偶然の形から何をかくかを見つけることも大切なので認めてあげるようにする

・作品はハツ切の和紙にかかせる

・製作時間を30分程度に設定する（それ以上長いとハツ切の和紙では小さい）

・余白は水墨画のよさでもあるので，墨で塗りつぶし過ぎないように伝える

・４人グループで向かい合いながら製作させることで，自由に交流できるようにする

・前時に「お気に入り」の表現を見つけたならそれを使ったり，貼りつけたりして製作のヒントにしてもよい

⮕指導ポイント⑤

・自分の作品に名前をつけさせる

・友人の作品を鑑賞し，名前をつけるよう促す。そうすることで，友人の作品の表現をよく観察したり見つけたりできる　（井上 和人）

絵画

立体

工作

造形遊び

鑑賞

⑪ ぼくの，私の仏様 ～仏像鑑賞の学びを生かして～

題材の紹介

　本校では，修学旅行で奈良・京都へ出かける。事前に仏像について学習したことや実際に観た感動をもとに，今までの自分を振り返り，これからの自分の側にいてほしい「守り本尊」をデザインし切り絵で表現する題材。

8時間完了

1　目　標

・作品が1枚につながっているように図案をかき，カッターナイフで丁寧に切り抜くことができる。

（知識及び技能）

・仏像の特徴を知り，顔の表情や手・衣・宝飾品・光背などの形を工夫して自分の思いを表現することができる。

（思考力，判断力，表現力等）

・鑑賞を通して，作者がどんな願いや希望をもち，これから求めていこうとしているのかを考えている。

（学びに向かう力，人間性等）

2　準備物等

教師：代表的な仏像の種類（如来，菩薩，明王，天）の写真

　　　例：釈迦如来，薬師如来，観音菩薩，

　　　　　不動明王，四天王，阿修羅等。

　　　　　※顔の表情や手・衣・宝飾品・光背などの形が分かる拡大写真

　　　仏像を説明した資料

　　　例：如来：苦しい修行の末に悟りを開いた完全なる人格。

　　　　　菩薩：仏になるために修行中のもの。インド人の貴人の姿で派手。

　　　　　明王：大日如来から生まれ，恐ろしい姿で悪を追い払いすべての人を助ける。

　　　　　　天：仏像を守る武者姿，貴人の姿等。

　　　八ツ切色画用紙（黒），下がき用紙，カッターナイフ，八ツ切画用紙，鑑賞シート

児童：白色クレヨン・パス，木工用接着剤，水彩絵の具，赤鉛筆，セロハンテープ

> 下がき用紙の準備
> 縦位置A3上質紙の左下から八ツ切とする。
> 色画用紙の大きさを取り，内側に1.5㎝幅の黒枠をかく。

③ 評価シート　ぼくの，私の仏様

評価項目	評価項目	評価規準	評価
知識・技能	③⑥⑧	作品が1枚につながっているように図案をかき，カッターナイフで丁寧に切り抜くことができる。	
思考・判断・表現	②③	仏像の特徴を参考に，顔の表情や手・衣・宝飾品・光背などの形を工夫して自分の思いを表現することができる。	
主体的に学習に取り組む態度	⑫	作者がどんな願いや希望をもち，これから求めていこうとしているのかを考えようとしている。	

授業づくりのアドバイス

　6年生は社会科で日本の歴史について学びます。その中で仏教の伝来や仏像に触れ，当時の人々の願いや思いを知ります。さらに，修学旅行で実際に観たり，感じたりするので，この題材は児童にイメージがしやすいようです。また，卒業・進学を目前に控えた児童が，今までの自分を振り返り，よりよく生きていくためにどうすべきかを考える機会になってほしいとのねらいもあります。これからの自分に必要な物事や存在を形に表すことで，自分の考えを明らかにし，それを表現する楽しさを味わうことができるのもこの題材ならではと思います。以上の理由から，これは図画工作，社会，道徳の合科による題材ともいえるのではないでしょうか。さらに，仏像の鑑賞で得た知識を作品づくりに生かすことで，深い学びにつなげることができると考えます。

　作品づくりへの意欲を高めるには「自分の好きなことや夢」を児童からどれだけ多く引き出すことができるかにあります。一見，難しそうに思えますが，手順のポイントさえ押さえれば，製作は思ったより簡単にできます。また，台紙づくりは意外性のある仕上がりになるので，歓声とともに和気あいあいとした時間が過ごせます。完成度が高い作品に仕上がるので，児童たちは高い満足感を味わうことができます。小学校最後の参観日にもってこいの掲示にもなります。

絵画

立体

工作

造形遊び

鑑賞

① 写真や資料を用いて，仏像の特徴を知ろう （イメージづくり）

顔の表情や頭の数，手に持っているもの，衣の形や宝飾品，光背の形等。

② 今までの自分を振り返り，よりよく生きていくために必要なことは何か考えよう （モチーフを選ぶ）

・将来はトリマーになりたいな

・怠け者の自分にはアメとムチが必要だ

③ 図案をかこう （構想）

下がき用紙にかく。

ア 顔と手をかく

イ 胴体をかく

首は意識しなくてもよい。肩はあごの左右から出し，そのまま自然にさげる。衣のひだをかくと，腕が先にかいた手につながっているように見える。

ウ 光背をかく

・トリマーにははさみと犬が必要

・ずっと野球をやりたい

・音楽のない人生なんて考えられないな

④ 図案に肉づけしよう （表現）

切り抜くことを意識して目，口，鼻，光背などの形を整える。

⑤ 切り抜くところが分かるようにしよう （製作）

・赤鉛筆で色を塗るよ

⑥ 確認しよう （製作）

上下左右の枠から画面の中心に向かってすべてのパーツが必ずつながっているか確認するといい。

○指導ポイント①

・つくりたい仏像をイメージしながら聞くことを伝える

○指導ポイント③

③アの図

ア 顔：大きさは手のひらぐらい。多頭の場合は配置を工夫

手：指・手の動きや向き

イ 衣：ひだや宝飾品，持ちたいもの

③イの図

ウ 光背：形は，資料を参考にしながら，自分の想いに近づくものを配置するようアドバイスする（スポーツ用品，音符，はさみ，習字の筆等）

④の図

○指導ポイント④

肉づけの厚さを調整しながら，すべてのパーツが必ずどこかでつながっているように工夫させる

○指導ポイント⑤

⑤の図

黒枠につく場所と切り離す場所がどこにあるか確認させる

⑦ **黒色画用紙と図案を重ね，セロハンテープで留めよう** （製作）

左下の角をピッタリ合わせて四隅を留める。

⑧ **カッターナイフで切り抜こう** （製作）

赤色でぬった部分を切り抜く。黒枠から切り離すところを間違えない。

⑨ **図案をはずそう** （製作）

黒色画用紙をちぎらないように，丁寧にはずす。隙間にカッターを差し込むといいよ。

⑩ **台紙をつくろう** （表現）

　ア　八ツ切画用紙に白色クレヨンで，ぐるぐる線などを適当にかく

　イ　手洗い場で水を画用紙の表面にかけ，湿らせる

　ウ　赤，青，黄などの水彩絵の具を太い筆に取り，適当な間隔を空けながら画用紙に落としていく

⑪ **接着剤を付けて，台紙に貼ろう** （製作）

　ア　黒色画用紙の作品を裏返し，接着剤をポチポチと一定間隔で少しずつ付けるよ

　イ　2人組になって上下を持ち，台紙とずれないように貼るよ

⑫ **友人の作品を鑑賞しよう** （鑑賞）

・友人の願いや望みを考えるよ

・自分の思いを表現することができたか振り返るよ

⟳ **指導ポイント⑦**

・作業中にずれないよう，セロハンテープを，横長に（枠に沿って）貼らせる

・黒色画用紙の表を意識させる。表に図案をのせると仕上がりがきれいになることに気付かせる

⟳ **指導ポイント⑧**

・画面の中央部分から順に切り抜いていく

・最後に黒枠の近くを切ると作業がしやすい

・きれいに切るために紙を回転させながら行う

⟳ **ポイント⑩**

にじみ，バチック技法は，天上界のこの世ならぬ雰囲気が出せる。絵の具は，水を多めに入れて薄めの濃度に溶き，学級の全員分をカップに用意しておくと時間がかからない。黄色は必ず使うとよいことを伝える。後光が射す感じになる

⟳ **指導ポイント⑪**

・「ボンドタッチ」は水溶性で速乾なので便利

⟳ **指導ポイント⑫**

・掲示のために，四ツ切画用紙に名札と一緒に貼ると見栄えがよくなる

・鑑賞シートに記入させる

絵画
立体
工作
造形遊び
鑑賞

アメとムチがぼくには毎日必要なのさ

音楽とともに生きたい

医者になりたい。野球も続けたい

（浅賀　早苗）

⑫ 自分を見つめて　～卒業への思いを表そう～

題材の紹介

　一色刷りの木版画で，自画像を製作させる。児童にど
んな思いをもって卒業したいか考えさせ，その思いを表
情に表させる。作品を立体的に表現するために，明暗や
面の立体感を工夫して表現する力を，身に付けさせるこ
とができる題材。　　　　　　　　　　**12時間完了**

1　目　標

・明暗や面の立体感を表現するために，線の数や形を工夫して，彫ることができる。

（知識及び技能）

・顔の部位のバランスを考えて，画面を構成することができる。　**（思考力，判断力，表現力等）**
・作者が思いを表すために，明暗や面の立体感を工夫していることに気付いている。

（学びに向かう力，人間性等）

2　準備物等

教師：版画製作に必要な物

　　　版画板（彫る面が青色のもの），彫刻刀，カーボン紙，版画紙，版画インキ（黒），練
　　　板，ローラー等

　　　下絵用のB４の紙，児童の表情を撮影したB４の写真，参考作品，ワークシート

児童：ペールオレンジ色の色鉛筆，油性ペン（彫り始める前に，残したい線と彫る線を考えさ
　　　せるために使用）

❸ 評価シート　自分を見つめて

評価項目	評価場面	評価規準	評価
知識・技能	⑥	線の数や形を工夫して，彫りながら表すことができる。	
	⑦	明暗や面の立体感が表現されているか確かめ，自分の表したいイメージになるよう，修正を加えることができる。	
思考・判断・表現	②	写真をもとに，顔の部位のバランスを考えて画面を構成することができる。	
主体的に学習に取り組む態度	⑧	線の数や形に着目して作品を鑑賞し，作者の工夫や，作品に込められた思いに気付こうとしている。	

授業づくりのアドバイス

　この題材では，立体的な表現技法を学ばせるために，参考作品の鑑賞をさせます。一色刷の木版画は白と黒の2色のみで表現されているので，鑑賞をさせたときに自分たちの力で，明暗や面の立体感を表す工夫に気付きやすいです。新たな表現技法を見つけられたことを認めることができれば，その表現技法を活用して作品を製作したいという思いをもつはずです。「線の数」「線の形」という視点をもたせて作品製作をさせれば，児童は自分の思いを表すためにどんな工夫をしようか考えることができます。

　製作が始まると児童はとても集中して取り組みますし，表現の工夫を一生懸命考えます。また，完成した作品を見て，満足する児童の姿が見られるはずです。ぜひ，実践してみてください。

絵画

立体

工作

造形遊び

鑑賞

① テーマや表情を決めて，写真を撮ろう
　　　　　　　　　　　　（イメージづくり，構想）

・笑顔で卒業したいな

・中学校でもがんばりたいから前向きな自分を表そう

・少し不安な気持ちもあるな

② 写真をじっくり見て下絵をかき，版画板にトレースしよう　　　　　　　（表現）

・写真をよく見てかこう

・写真に十字線をかき込んでみたら，バランスを取りやすくなったよ

・写真と同じ位置に目をかきたいな

・目と鼻の大きさのバランスを考えよう

・鼻は顔の中心にくらいにあるね

③ 参考作品を見て，どんな風に彫っているか考えよう　　　　　　　　（鑑賞）

・立体的に見えるよ，何でだろう

・明るいところと暗いところがあるね

・明るいところは線が多くて，暗いところは線が少ないね

・頬は線が曲がっているね

・鼻筋のところは真っ直ぐだ

・表情によって，線が真っ直ぐだったり曲がったりしているね

④ 彫る線を，色鉛筆でかこう　　　（構想）

・写真を見ると，影になっている部分があるから線の数を少なくしよう

・顔の左側が明るくなっているから，左側は線の数を多くしよう

・笑っている口元は，線を曲げてみよう

・頬は丸く彫ってみよう

⮩**指導ポイント①**

・表したい自分の表情を「○○な自分」などとテーマを決めさせ，言葉で整理させる

⮩**指導ポイント②**

・前時で撮影した写真を印刷し，見ながらかけるようにする

・顔の大きさや形，部位のバランスを意識するよう伝える

・①写真に十字線をかく→②下絵の紙に顔と同じ大きさの丸をかく→③下絵に十字線をかく，という順番でかかせると，バランスを意識してかくようになる

⮩**指導ポイント③**

・様々な表情の参考作品を複数用意して見せるようにする

・彫る線をどのように工夫するとよいか考えさせる

　線の数の違い　　→　明暗の差

　線の形の工夫　　→　面の立体感

⮩**指導ポイント④**

・彫る面が青色の版画板に，ペールオレンジ色の色鉛筆で線をかかせることで，印刷した際に白く表現されることを感じさせる

・「線の数」「線の形」を工夫するように伝え，彫る線をかかせる

線の数の工夫　　　　　　線の形の工夫

⑤　友人の下がきにアドバイス　　　（構想）

・線が全体的に少ないから，もっと増やした
　ほうがいいよ

・日が当たって明るいところは，線の数を増
　やそう

・頬は，線を曲げると丸く盛り上がっている
　感じが出るよ

・もらったアドバイスを参考にしたら前より
　よくなったぞ

⑥　彫り進めよう　　　　　　　　　（表現）

・三角刀だと，細かい線が彫れるね

・明るさを出したいところは，小丸刀を使う
　といいね

・切り出し刀で先に切り込みを入れると，そ
　こで彫刻刀が止まるね

・暗いところは輪郭線をはっきり彫らないよ
　うにして影を表現しよう

⑦　印刷をしてイメージを確かめよう
　　　　　　　　　　　　　　　　（構想）

・もっと彫らないと明るいところが表現でき
　ないな

・影のところも，もう少し彫ってみよう

・髪の流れが分かるように線を足してみよう
　かな

・イメージ通りになってきたぞ

⑧　鑑賞会をしよう　　　　　　　　（鑑賞）

・明るいところと暗いところがあって立体的
　に見えるね

・光がどんな風に当たっているかよく分かる
　ね

・笑っているときの顔のしわが表現されてい
　るからすごいなあ

・少し上を向いていて，向いているほうから
　光が当たっているから前向きな気持ちが伝
　わるよ

➡指導ポイント⑤

・線の数，線の形等を視点に，どうすればよ
　りよい作品になるのかアドバイスをさせる

➡指導ポイント⑥

・できれば彫刻刀の使い方や，彫ったときの
　線の感じを確かめさせる

・暗い部分の輪郭線などをはっきりと彫らせ
　ないために，切り出し刀で切り込みを入
　れ，切り込みに向かって彫るよう伝える

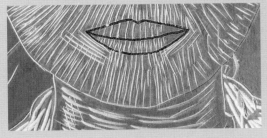

明暗を出すために輪郭線を彫らない工夫

➡指導ポイント⑦

・自分の表したいイメージが表現できたか確
　かめさせる

➡指導ポイント⑧

・線の数，線の形等を視点に鑑賞させ，一人
　ひとりの工夫やよさを見つけるよう指導す
　る

（磯村　雄太）

⓭ 楽（たの）シーサー

題材の紹介

　土粘土タイプの紙粘土を使って，自分だけのシーサーをつくる。表情・装飾など，自由に表現でき，個性豊かな楽しい作品に仕上がる。

　児童が自分の作品に愛着をもちやすい題材。

6時間完了

1　目　標

・色々な高さや方向・角度から見て，イメージに近づくよう，表し方を考えることができる。

（知識及び技能）

・表したいシーサーの表情や姿・姿勢になるように，足りない部分をつけ足したり，新たに加えたり，形に変化をつけたりして，表し方を工夫することができる。　（思考力，判断力，表現力等）

・それぞれの作品を通して，作者の表したかったことや表現のおもしろさを感じている。

（学びに向かう力，人間性等）

2　準備物等

教師：土粘土タイプの紙粘土（1人1個と予備数個）

　　　　仕上がりが神社の狛犬のようになるので，黒を使用している。着彩するなら別の色でもよい。粘りが強くて，ちぎりにくかったりでき上がった作品が軽すぎて倒れたりするので，土粘土タイプがよい。

　　　　どべをつくるための水と，水を入れる容器（給食のゼリーカップ等）

　　　　手や机を拭くための雑巾

　　　　インターネット等で手づくりシーサーの画像を集めて，参考にプリントしたもの

　　　　実物投影機（書画カメラ），スクリーン（手元を見やすくするため）

児童：ねんどべら・つまようじ等，粘土板，新聞紙，「お座り」の姿勢にする場合の首芯（新聞紙を筒状に丸めたものを使用），木工用接着剤（作品が仕上がると，乾燥する過程で部品が多く落ちるので，その補修のため），事前に自分でかいたイメージ画，自分の家にあるシーサーの飾り（ある人のみ）

❸ 評価シート　楽(たの)シーサー

評価項目	評価場面	評価規準	評価
知識・技能	②③④⑤	色々な高さや方向・角度から見て，イメージに近づくよう，足りない部分をつけ足したり，新たに加えたり，形に変化をつけたりして表すことができる。	
思考・判断・表現	⑤⑥⑦⑧	表したいシーサーのイメージをもちながら，創造的に発想や構想をしたり，表し方について考えたりすることができる。	
主体的に学習に取り組む態度	⑪	作者の表したかったことや表現のおもしろさを感じて，楽しもうとしている。	

授業づくりのアドバイス

　この題材は，個性豊かな楽しい作品が仕上がるので，児童が自分の作品に愛着をもつことができる題材です。完成すると，「これ，お姉ちゃんがつくったやつと並べて飾るんだ」「(文化祭でお母さんが見て) お母さんに玄関に飾りたいから早く持って帰ってきてって言われた」「先生，うまくできたから，今日持って帰りたい！　だめ？」など，児童から次々と言葉が出てきます。図画工作科が得意な児童はもちろんですが，これまでは，苦手意識が強かった児童まで，「先生，今回はうまくできたよ！　見て見て！」と笑顔で作品を見せに来てくれます。教師として，そんな姿を見ると，とてもうれしくなります。

　粘土であることから「絵が嫌い」という児童にも受け入れられやすく，また，粘土のもつ可塑性による「失敗してもすぐつくり直せる」ことが，これまではなかなか製作を進められなかった児童にとって取りかかりやすい理由なのではないかと思います。加えて，一人ひとり違った表情になり，その違いが味になるため，「失敗した」という意識をもちにくい題材でもあります。

　ただ，体と頭の大きさのバランスが難しく，頭が重過ぎて倒れてしまったり，大きくつくり過ぎて粘土が不足してしまったりすることもありました。このような事態を防ぐために，基礎の部分ができ上がるまで，教師が段階的に児童の製作状況を確認しながら進めるとよいと思います。

　でき上がった作品を一斉に並べると，にぎやかで楽しいですよ。どれも表情豊かでおもしろく，ついつい見入ってしまいます。ぜひ実践してみてください。

4 指導過程

① つくりたいシーサーをイメージしよう
　　　　　　　　　　　　　　　　　（構想）

・笑った顔にしたいな

・姿勢はお座りにしよう

・強そうなシーサーにしたいな

② どんな表情・姿にするか考えて，イメージ画をかこう　　　　　　　　（構想）

・口を大きく開けて笑わせよう，そのとき口の中が見えるから牙がほしいな

・横から見たとき，足はどんな形かな

・後ろから見るとしっぽが見えるな，どんな形のしっぽにしよう

・シーサーの名前を何にしようかな

③ 粘土を頭・胴体・足・尾に分ける　（表現）

　ア　2分の1にする（一方は頭）

　イ　2分の1を，さらに2分の1にする
　　　（一方は胴体）

　ウ　2分の1を5等分する（両手足・尾）

④ シーサーの体の部分をつくる　　　（表現）

　ア　芯の3分の2下部分に粘土を巻きつけて胴体にする

　イ　どべを使って，前足，後ろ足，尾をつける

⑤ 頭をつくる　　　　　　　　　　　（表現）

　ア　頭の粘土を球状に丸める

　イ　球に1か所指で穴を開け，球状の形を保ったまま，中の粘土をかき出して，中を空洞にする

　ウ　残った空洞の球に，イで開けた穴を口の穴と見立てて，さらに首のための穴を，底の部分に開ける

➡指導ポイント①

・参考作品とともに，家にあったシーサーや，インターネット等で集めた様々なシーサーの作品画像などを児童に見せ，つくりたい作品のイメージをもたせる

➡指導ポイント②

・正面だけでなく，後ろからや横から見た姿もかかせることで，立体のイメージをもたせやすくなる。また，しっぽの形，たてがみの様子，指先の形等，細部までイメージさせておくと製作がスムーズになる

➡指導ポイント③

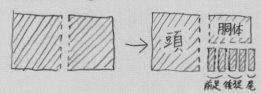

➡指導ポイント④

・後ろ足はお座りしているように見せるため，曲げて取りつける。他のポーズにしたい場合は，そのポーズができるよう方法をアドバイスする

➡指導ポイント⑤⑥

・あまり壁が薄くなり過ぎないよう注意する

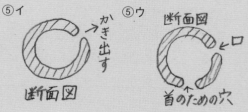

⑥ 胴体の芯の上の部分に，首の穴を差し込んで，胴体と一体化させる　　　（表現）

　ア　芯の新聞紙の上端が，頭の上端に当たるくらいまで差し込む

　イ　新聞紙が口の中から見えてしまうので，粘土で薄く覆って隠す

　ウ　境目の粘土を指でなじませる

※ここまででシーサーのもとができ上がります。ここからが，個性を出せて楽しいところ！

⑦ かき出した粘土で，耳・鼻・目・口・眉毛，牙をどべを使って付けていく　（表現）

・耳の位置はどのあたりに付けると自然に見えるかな

・笑った目にしよう。丸の玉をつくってからそこに目をかこうかな

⑧ たてがみや爪・牙・体の模様などを付け足して，工夫していく　　　　（表現）

・ぐるぐるとカールしたたてがみがいいな

・リボンを付けてみようかな

・怒った顔にするから，角を3本生やしてたてがみも逆立てよう

⑨ 完成したら，新聞紙の上にのせて数日乾かす　　　　　　　　　　　（表現）

⑩ 落ちた部品を，接着剤で補修する　（表現）

⑪ 一斉に飾りみんなの作品を楽しむ　（鑑賞）

・うわぁ，自分のとは全然違う顔だ！

・丁寧につくってあって表面がきれいだね

・指先までしっかり工夫しているね

⑫ 作品を文化祭で展示して，多くの人に見てもらおう　　　　　　　　（鑑賞）

・妹にかわいいとほめられたよ

・お母さんに，家に飾るのが楽しみだって言われたよ

・自分でも気に入っているよ

⑥

※⑦からの作業は，乾く過程で部品がぽろぽろと落ちることが予想されるので，どべでしっかりとくっつけるよう意識させる。

➡指導ポイント⑦
・顔のバランスが取りやすくなるため，耳→鼻→目の順番がおすすめ

➡指導ポイント⑧
・自分らしさを出せる部分なので，迷わずどんどん付け足していってよいことを伝える

➡指導ポイント⑨
・乾く際に粘土がスムーズに収縮するよう，粘土板の上でなく新聞紙を敷くとよい

・乾いて部品が落ちると友人のものと混ざるので，一人ひとり新聞紙を使うようにする

➡指導ポイント⑩
・乾いた接着剤は目立つので，接着剤の付け方に気をつけさせる

➡指導ポイント⑫
・文化祭や市町村の作品展などで展示して，なるべく多くの人に見てもらい，作品を話題にしてもらう

・座布団の代わりとして色紙を敷くと見栄えがよい

（鈴木　彬子）

絵画
立体
工作
造形遊び
鑑賞

⓮ あっぷっぷの顔をつくろう

題材の紹介

土粘土を使って，人間の表情や感情を端的に表す「あっぷっぷ」という表情のつくり方に挑戦させる。

作品は焼成し，戸外に飾るようにし，観た人が思わず笑顔になるような楽しいオブジェを製作する題材。　　　　　　　　　　　４時間完了

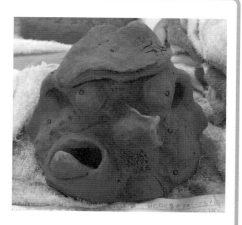

1　目　標

・「あっぷっぷ」の顔を形にするために，手や用具の使い方を工夫することができる。

（知識及び技能）

・「あっぷっぷ」という表情のつくり方から豊かに発想して形をつくり出すことができる。

（思考力，判断力，表現力等）

・「あっぷっぷ」の顔を進んで見つけたり，「あっぷっぷ」の表情を形にする活動に意欲的に取り組んだり，作品のよさに気付いたりしている。　　　　　　（学びに向かう力，人間性等）

2　準備物等

教師：油粘土と粘土版（「あっぷっぷ」コーナーの一角の試作コーナー），粘土版（板が反らない木製），土粘土，粘土べら等，どべ（水で土粘土をどろどろにしたもの），ガラス片やビー玉（溶かしたい場合）

児童：「あっぷっぷ」の顔と思うもの（集めたものを教室の「あっぷっぷ」コーナーに飾り，構想に生かせるようにする），汚れてもよい雑巾

「あっぷっぷ」の顔を集めたコーナー

③　評価シート　あっぷっぷの顔をつくろう

評価項目	評価場面	評価規準	評価
知識・技能	⑤	「あっぷっぷ」の顔を形にするために，手や用具の使い方を工夫し，表すことができる。	
思考・判断・表現	③	「あっぷっぷ」という表情のつくり方から豊かに発想して形をつくり出すことができる。	
主体的に学習に取り組む態度	⑥	「あっぷっぷ」の顔を進んで見つけたり，「あっぷっぷ」の表情を形にする活動に意欲的に取り組んだり，作品のよさに気付こうと取り組もうとしている。	

▌授業づくりのアドバイス

　近年，土に触るのが苦手という子供が増えてきました。加工された，さらさらのきれいな粘土は触れるけれど，土粘土を素手で触ることには躊躇します。しかし，人類が今の生活を手にしたのは，感覚を研ぎ澄ませながら知恵を絞り，土・水・火を使いこなしてきたからです。土はその土地特有の色とにおい・肌触りがします。子供たちが郷土らしさを体感しながら，自分の手で直接ものをつくり出す喜びを味わってほしいと願います。

　直接体験によって磨かれる感覚こそ，人間として失ってはならない大事な能力だと考えます。そして，大人になってからもふと，心の中に眠る故郷を思い出し，新たな勇気を奮い立たせてがんばってほしいとも願います。

　この題材を思いついたのは，私が園芸委員会を担当していたとき，子供が「先生，花壇に何かもっと飾ったら賑やかになるかな」と言ったことがきっかけでした。高学年として，自分たちの学校をもっとすてきにしたいという思いを形にするチャンスと捉えました。思春期の入り口に立つ高学年。「あっぷっぷの顔をつくろう」では，自分の気持ちが表情や言葉に出せないような児童でも，豊かに自分を表現することができます。

4 指導過程

① 「あっぷっぷ」の顔を色々試し，つくりたい顔を考えよう　　（イメージづくり）

・にらめっこしましょ，あっぷっぷ！
・眉や舌の向きで表情が変わるよ
・花壇と笑顔の守り神だから仙人風だよ
・見た人を笑顔にしたいな

② 教室コーナーに「あっぷっぷ」の顔を集めよう　　　　　　　　　　（構想）

・家で見つけたバリ島の壁かけはあっぷっぷの顔だ
・チョコクリームでパンにあっぷっぷの顔をかいたこれ，かわいいいね
・集めた顔から思いついた！　「お試しコーナー」の油粘土でつくってみよう

③ 自分のつくりたい「あっぷっぷ」の顔をつくろう　　　　　　（構想・表現）

・土粘土はひんやりしていて気持ちがいい
・手を湿らせてなでていたら表面がつるつるになったので，ここを頬にしよう
・忍法「土の術」の「つまみ出しの術」で，反った感じにひねり出せたよ。ここ，あごにしようかな
・薄いと粘土を焼いたときに割れやすいから，もう少し耳を厚くしよう
・お試しコーナーでつくった顔より，太く力強い感じにするつもり
・花壇の守り神だから花の種をくわえるんだ
・目や口をもっとおかしくしたい。あっぷっぷコーナーをもう一度見てみよう
・人間ではできない顔にしよう
・目にガラスを入れて溶かすと，うるうるした目になるかな

⭕指導ポイント①

・「もっと庭をすてきにして，訪れた人を喜ばせたい」等の気持ちがもてる設定や声かけを工夫する
・にらめっこを実際に行って楽しさを体験し，目鼻眉等がどう歪むかを見つけ合う

⭕指導ポイント②

・前時の板書や，各自があっぷっぷの顔だと思ったものを持ち寄り掲示するコーナーを教室に設けることで，図画工作科の時間以外も構想に生かす
・思いついた顔をすぐ立体にして見られるように，油粘土と粘土板を常備した試作コーナーを設置しておく

⭕指導ポイント③

・木製の粘土板に乾いた雑巾をのせ，その上に置くことで，土粘土が板に貼りつくことがない。雑巾の端を水で湿らしておくと手を濡らすこともできる。
・手びねりの基本的な技法（つまみ出し・ひねりづけ・指押し・型押し等）を「忍法土の術」として体験させ，そこから偶然できた形も生かす
・「粘土は何度でもつくり直せる」と，声をかける
・焼成時に破損しやすい要因ベスト３は，「薄い・突起部分が細すぎる」「後付部分が土台となじんでいない」「鋭利なもので模様を付ける」。技法体験で全体に教えるだけでなく，机間指導でも個別に支援する

④ 製作途中の作品を見合い，自分の作品づくりに生かせることを見つけよう （鑑賞）

・左右の目の大きさを変えているＡさんのアイデア，おもしろいな。ぼくは目の左右の高さを変えてみようかな

・忍法「型押しの術」で付けたＢさんの，おしゃれだな。わたしも模様を付けようかな

⑤ 鑑賞し合ったことを生かして，「あっぷっぷ」の顔を仕上げていこう （表現）

・目だけでなく，眉ももう少し変えよう

・型押し模様を少し重ねて付けたら，別の模様になっておもしろい

・横から見たら薄かった。割れると困るから厚くしよう。舌の先も曲げたほうがいいな

・完成と思ったけど，Ｃさんみたいにもう少し模様を付けようかな

・うん，いい感じ。改造名人って，ほめられた。もう進化できそうなところはないかな

⑥ 乾燥後，焼成した「あっぷっぷ」の作品を鑑賞しよう （鑑賞）

・Ｄさんの顔は口が曲がっていておもしろい

・焼き締めで赤くなって，照れてる顔みたい

・焼いたら，触った感じがごつごつになった

・この顔はＥさんと向かい合わせで飾りたい

⑦ 作品を学校花壇に展示して，その後，家でも飾ろう （鑑賞）

・花だけのときより花壇がおもしろくなった

・大きな蟻がＦさんの「あっぷっぷ」の顔にのぼってきたよ。くすぐったそう

・小さい子がぼくの「あっぷっぷ」を指差して笑ってくれたよ

・地域の方がおもしろいって言ってくれたよ

・家に持ち帰ったら，玄関に飾ろう。お客さんが見て笑ってくれるといいな

・製作が日をまたぐ場合は，雑巾等をかぶせてビニール袋で密封しておく

⮕指導ポイント④
・造形的なおもしろさに気付く視点を，これまでの板書等を使って示したり，よいつぶやきを拾い，他の児童に広めたりする

⮕指導ポイント⑤
・土粘土は数日が経つと，密封していても少し硬くなる。つまみだしやひねりづけがしにくくなるので，どべを用意しておくとよい

・多様な粘土べらを用意しておくと，細かい仕上げに生かせる

・作品を色々な角度から眺めて仕上げていくように指導する

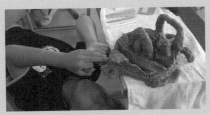

⮕指導ポイント⑥
・造形的なおもしろさに気付く視点を，以前の板書等を使って再び示したり，よいつぶやきを拾い，他の児童に広めたりする

・焼成前後の違いを，体の諸感覚を使って感じ取っている児童を認め，広める

⮕指導ポイント⑦
・作品を飾る前の様子（作品のない花壇）を目に留めさせてから作品を飾ると，作品展示後の変化が明確になり，美術が生活を豊かにすることを実感させることができる

・どこに作品を置くとよいかを考えて飾るように声をかける

（鈴木 早紀恵）

⑮ はり金ワールド！

題材の紹介

　話し合い活動をもとにイメージをふくらませ，アルミ針金の曲げ方，巻き方を工夫して思いついた形をつくることができる題材。簡単に曲がる，何かに巻きつけることができる，針金同士をひねってつなげることができる等の針金の特性を生かして思いついた形をつくることができる。

　つくる形を考える際，イメージがよりふくらむように，イメージマップや話し合い活動を取り入れる。

4時間完了

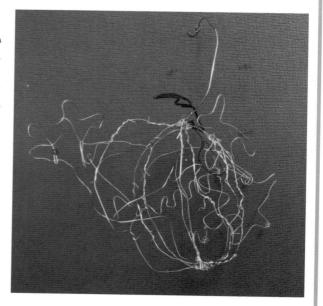

1 目 標

・つくりたいものに合わせてアルミ針金の曲げ方や巻き方，飾るときの方法を考えることができる。

（知識及び技能）

・イメージマップを使い，自分のつくりたいイメージを考え，それに合う形を考えることができる。

（思考力，判断力，表現力等）

・友人の作品の美しさやおもしろさに気付いている。

（学びに向かう力，人間性等）

2 準備物等

教師：ワークシート，アルミ針金（細めのものと太めのもの両方あると，芯と巻きつけるもので使い分けられて便利），ラジオペンチ，模造紙

児童：ペン類，モール，ビーズ（今回は使用していないが，セロハンも有効）

③　評価シート　はり金ワールド！

評価項目	評価場面	評価規準	評価
知識・技能	⑥	つくりたいものに合わせてアルミ針金の曲げ方や巻き方，飾るときの表現方法を考えることができる。	
思考・判断・表現	③	イメージマップを使い自分のつくりたいイメージを考え，それに合う形を考えることができる。	
主体的に学習に取り組む態度	⑧	友人の作品の美しさやおもしろさに気付こうとしている。	

授業づくりのアドバイス

　この題材は，私の中で図画工作の授業の初めの部分に話し合い活動を取り入れる，挑戦的な授業でもありました。普段から話し合い活動を取り入れていくことで，意見を言うのが苦手な児童も意欲的に活動に参加することができるようになると思います。

　イメージマップは何度か練習させたほうが，かき方などが分かり，スムーズに活動ができるようになるでしょう。

　イメージマップをつくることに慣れたら，そこから気になる言葉を見つけたり，さらにグループに分けたりする等の活動をすると，より児童の考えが深まっていくと思います。

　針金は自由に曲げたりつなげたり等加工が容易なので，自由な発想が引き出せる題材だと思います。ぜひ実践してみてください。

4 指導課程

① 題材を知ろう　　　　　　　　　（導入）

　針金を見てどんなことができそうかを考える。

・曲げることができるね

・くっつけることができるよ

・軽いからぶら下げても大丈夫だね

・乗り物や建物がつくれそうだよ

② どんなテーマでつくるかを話し合う

　　　　　　　　　　　　　　　　（構想）

・宇宙がいいと思う

・どんなものがつくれるかな

・生き物をつくってみたいから動物園はどうかな

・街の風景をつくってみたいな

・日本の観光地をつくってもおもしろそう

③ グループで決めたテーマをもとにイメージマップを作成しよう　　　　　（構想）

・宇宙には色々な惑星があるな

・丸い形だね

・地球には人もいるね

・動物園には色々な動物がいるよね

・宇宙には色々な惑星もあるね

④ イメージマップから自分がつくりたいものを選ぶ　　　　　　　　　　（構想）

・水族館の魚をつくりたいな

・地球をつくってみよう

・遊園地の観覧車にしようかな

⇒指導ポイント①

・針金を配り，実物に触れさせることで，針金の特徴を捉えさせて次の活動のときにイメージしやすくなるようにする

・針金は先を曲げたりテープで留めたりして，けがをしないように配慮する

⇒指導ポイント③

・「宇宙」「海」「動物園」など，アイデアが浮かびやすいような大きなテーマを決めるように伝える

・１人ずつペンの色を変えて，誰がかいたイメージかを分かるようにしておく

・テーマから離れたイメージをかかないように声をかける

グループで作成したイメージマップ

⇒指導ポイント④⑤

・前に出した針金の特徴を生かせるようなものにさせる

・再現するというよりは，大体のイメージを表現できればよいことを伝える

⑤　アイデアスケッチをかく　　　（構想）

・地球には人がいるから人もつくりたいな

・球の形にしたいなあ

・建物だと骨組みがあるといいのかな

・日本の有名な建物には何があるだろう

⑥　イメージをもとに作品をつくる　（技能）

・どうすればうまく立つのかな

・針金をねじってつなげてみよう

・下が広がっている形にすると立てやすいな

・家みたいだな。屋根もつくってみよう

・巻きつけるとつくりやすいな

・吊り下げるのもよさそう

・ペンチを使うと太い針金も簡単に曲げられるな

⑦　展示の方法を考える　　　　　（発想）

グループごとに地面の代わりの模造紙に作品を配置していく。

・ペンでかき足すと分かりやすくなるね

・車だから道路もつくろう

・惑星は宙に浮いているから作品も吊り下げてみよう

・どこに置くとバランスがよくなるかな

・壁に付けることはできないかな

⑧　完成した作品を鑑賞しよう　　（鑑賞）

・高さがあってすごいね

・球体のつくり方が上手だなあ

・家の塀もつくってあるね

・細かいところまでこだわってつくっているな

・動かして楽しめるものもあるね

⮕指導ポイント⑥

・針金やペンチの扱い方を確認し，安全指導をしっかりと行う

（運ぶときに先を曲げる・針金を切るときはラジオペンチの根元を使うなど）

・上手くつなげることができない児童には教師が実演しながら教える

・児童同士の机を離してぶつかることがないようにする

⮕指導ポイント⑦⑧

・みんなに見てもらうことを意識して考えさせる

・教室に点在して置かせ鑑賞時に自由に見て回れるようにする

・曲げる，巻きつける，丸める，ねじるなど，針金の扱い方を工夫している児童を取り上げて紹介することで，周りの児童も取り入れられるようにする

完成した作品。テーマ：日本地図

吊り下げた作品を鑑賞する様子。テーマ：宇宙

（坂　泉美）

⓰ ここは京都？！ミニチュア盆庭枯山水の世界

題材の紹介

日本の美術文化である "枯山水" と "盆庭" を組み合わせ，ミニチュア盆庭枯山水をつくる題材である。日本の美術文化を自ら体感することができるだけでなく，何度もやり直しのきく表現であるため，児童にとっては思いを表現しやすく，誰でも安心してつくることのできる題材。

8時間完了

1　目　標

・石や砂の特性を生かし，材料を組み合わせてつくるときの感覚や行為を通して，奥行き，動き，バランス等を理解し，表し方を工夫して表すことができる。　　　　　（知識及び技能）
・石を置いたり砂紋をかいたりして感じたり想像したこと，見たことから，表したいことを見つけながら主題の表し方を考え，作品の造形的なよさや美しさ，表現の意図や特徴，表し方の変化等について，見方や感じ方を深めることができる。　　　　（思考力，判断力，表現力等）
・つくり出す喜びを味わい，石や砂のおもしろさを生かし，材料を組み合わせてつくる学習活動に主体的に取り組もうとする。　　　　　　　　　　　　（学びに向かう力，人間性等）

2　準備物等

〈製作〉

教師：A4トレイ（黒色を選ぶと白砂に黒色が反射し砂紋が見えやすい），新聞紙，乾燥苔（乾燥した苔に色が付けてあり，腐らず脱色しづらい），紙粘土（苔を貼る土台に使用するため，思い紙粘土が適している），水槽用白砂1kg，フォークやスプーン（砂紋をかく際に使用）

児童：石（児童が拾いに行っても，教師が事前に用意したものでもよい），木工用接着剤

〈鑑賞〉

教師：実物投影機（書画カメラ），借景に使用する風景写真（A3サイズ），シューズボックスに利用する段ボール箱，障子を印刷し，片面ラミネートしたもの，円（円窓）をくりぬいた黒画用紙

鑑賞における撮影のかたち

評価シート　ここは京都？！ミニチュア盆庭枯山水の世界

評価項目	評価場面	評価規準	評価
知識・技能	①	枯山水における石の形や色，奥行き，バランス，砂紋の動きなどを理解することができる。	
	⑥	表したいことに合わせて，必要な用具を選んだり，表現方法を工夫したりして表すことができる。	
思考・判断・表現	⑦⑧	造形的なよさや美しさ，表現の意図や特徴，表し方の変化などについて，感じ取ったり考えたりすることができる。	
	④	材料を置いたり組み合わせたりしながら感じたこと，想像したことから表したいことを見つけ，主題を表すための石の形や色,砂紋,苔の配置を考えることができる。	
主体的に学習に取り組む態度	⑧	自ら周囲と関わり，自らのよさを生かすよりよい表現方法を追求しようとしている。	

▌ **授業づくりのアドバイス**

　図画工作科の授業を行っている中で気にかかっていたことがありました。それは美術作品に対する児童の意識です。児童にとっては，美術作品というと外国作品のイメージが強く，日本の作品に対する印象は薄いように感じます。私は，日本人は日本の美術文化に対する独特な感性をもっていると考えています。その感性が今までの日本の美術文化を育て，世界でも評価されることにつながっているのだと思います。

　児童が日本美術を主体的に味わえるようになることで，より日本の美術文化のよさを感じられるようになるのではないかと考えました。そのためには何度も試行錯誤しながら追究できる題材が必要です。何度も試行錯誤することで，自分の作品にその人のもつ感性がにじみ出し，心を豊かにしてくれます。しかし，1回限りのやり直しのきかない題材は児童にとっては不安につながり，追求する前に失敗を恐れてしまいます。

　そこで生まれたのが「ミニチュア盆庭枯山水」です。日本にはもともと盆庭という，お盆の上に小さな庭をつくり楽しむ文化がありました。そこで枯山水を盆庭にしてはどうかと考えました。枯山水の庭は砂利や砂を使って砂紋をかく，日本独自の文化です。材料は砂で何度もつくり直すことができるので，児童は試行錯誤しながら自分の表現を追求できます。心理療法の「箱庭療法」にもつながるところがあるので，誰もが自らを表現しやすい方法にもなっています。「ミニチュア盆庭枯山水」をつくった経験が日本美術への見方を変え，美術文化への継承へとつながっていきます。ぜひ実践してみてください。

絵画

立体

工作

造形遊び

鑑賞

4 **指導過程**

① 枯山水を探ろう　　　　　　　　（鑑賞）

　　枯山水の写真を見て，石の形や色，置き方，配置，砂紋・苔の様子から，どんなことを表しているかを考え話し合う。

・砂紋が渦巻きで，石が中心に向かっていくから宇宙の広さを伝えているのかな

② みんなで枯山水を再現しよう　　（鑑賞）

　　枯山水をクラス全員で砂場に再現する。

・砂紋を手でかくよりも，熊手を使ったほうが線もそろうし，一気にかけるね

③ オリジナルの砂紋を生み出そう

　　　　　　　　　　（イメージづくり）

　　様々な道具を使って砂紋をかく。

・砂に模様をかくと，でこぼこになって立体的に見えるね

④ 石を集めて，表したい世界を考えよう

　　　　　　　　　　（発想・構想）

　　枯山水で伝え合いたいことを考え，主題に合う石などの材料を集め，どんな世界をつくるのかを考える。

・この石の色は，色々な色が混ざっているから，様々な感情が入り混じっている自分の心を伝えられるね

・動物の形に見える石をたくさん置いて，苔を森林に見立てて，緑が少なくなってきている世界を表現しよう

⑤ 枯山水の世界を生み出そう

　　〜苔の地面をつくる〜　　　　（表現）

　　新聞紙を丸め，その上に紙粘土を薄く伸ばして貼り，乾燥苔を貼る。

・平らな土台よりも凸凹しているほうが本物の地面のように見えるね

⇨指導ポイント①

・枯山水に関係のある様々な日本の美術文化（盆栽・水石・盆景）を紹介する

・考えやすいよう，造形的特徴のある春日大社稲妻形遣水の庭，妙心寺東海庵書院南庭，東福寺龍吟庵の庭の写真を見せる

⇨指導ポイント②

・再現しやすい大徳寺大仙院方丈の南庭の写真を見せ，みんなで意見を出し合いながら再現させる

・砂紋のかき方や道具について考えさせる

⇨指導ポイント③

・Ａ４トレイの上に白砂を出し，手や道具を使ってオリジナルの砂紋をかかせる（使いたい道具を見つけさせてもよい）

・つくった砂紋をワークシートにまとめ，互いに見せ合い，クラス全体で共有する

⇨指導ポイント④

・石の色や形に注目させてから，集めさせる

・石以外に落ち葉や枝を使いたい児童がいたら，認める

・実際に砂の上に石を置きながら考えさせてもよい

・表したい世界を考えたら，ワークシートにかかせ，グループで発表し合い，より主題に合う表現を考える

⇨指導ポイント⑤

・トレイ→接着剤→新聞紙→接着剤→紙粘土→接着剤→乾燥苔のように，ものとものの間には必ず接着剤をはさむ

・トレイの高さよりも新聞紙の高さが高くなると新聞紙が見えやすいので注意

⑥ 枯山水の世界を生み出そう
　〜石を配置し，砂紋をかく〜　（表現）

　紙粘土を1円玉程の大きさにまとめ，石の下に付け，好きな角度でトレイや苔の地面に固定する。白砂を隙間に流し砂紋をかく。

・石の角度を斜めにしたほうが緊張感が出ておもしろいね

・どうしたらもっと動きを出せるのかな

・苔が地面だけでなく，石の上にもあったら古さが出て，歴史を伝えられるかな

⑦ 自分の枯山水の世界に入ろう　（鑑賞）

　箱を使って部屋の空間をつくり，実物投影機を入れ，確かめながら撮影する。借景の写真の中から，自分の伝え合いたいことに合うものや，表したい世界に合うものを選ぶ。障子や円窓を配置し，体感する。

・本当のお寺に来たみたいに見えて，自分の作品がすてきだな

・実際のお寺の枯山水を見たときは同じように考えてみよう

⑧ みんなのミニチュア盆庭枯山水を味わおう　（鑑賞）

　ツアーのガイドになりきり，自分の作品と写真を見せながら，作品について説明する。

・こちらに見えますのは，人と人が協力し助け合っていく世界を表す枯山水です

・借景と枯山水が1つとなり，未来が広がっていく様子を表しました

⑨ 〈授業外〉ミニチュア盆庭枯山水展覧会

　児童の作品を展示し，授業時間外に全校児童に来てもらい，作品を見せてコメントをもらう。

指導ポイント⑥

・苔の地面同様，ものとものの間には必ず接着剤をはさむ

・苔を貼る前に石を貼ってもよい

白砂を入れる前の様子

指導ポイント⑦

・借景と枯山水のつながりを円通寺の写真を見せ，説明する

・障子や円窓が絵でいう額縁の効果を表し，一体感を感じさせることに気付かせる

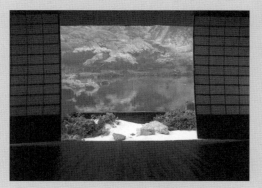

児童がミニチュア枯山水を撮った写真

指導ポイント⑧

・一人ひとりのよさを見つけるために，自分なりに伝え合おうとしていることについて考えさせてみる

指導ポイント⑨

・児童が展覧会運営を行い，自分の作品について説明することで，自分の作品を振り返ることができる。また，自分の考えを深めることができ，自信につながる　（加藤　純）

絵画
立体
工作
造形遊び
鑑賞

⑰ 銅板レリーフ ～吉田方水族館へようこそ！～

題材の紹介

　豊橋の造形パラダイス（野外作品展）に出展する作品として銅板レリーフをつくった。中学の美術科でよく実践されているが，小学校高学年でも実践することで今後の立体表現の入り口となる。

　打ち出しの中で感じる手ごたえやものづくりのよさを実感できる題材。　　　10時間完了

1　目　標

・力加減を考えて輪郭を丁寧に打ち出し，水に住む生き物を立体的に表現することができる。

（知識及び技能）

・画面構成やどこを打ち出して凹凸を付けるかを考え，量感や動感を表現することができる。

（思考力，判断力，表現力等）

・打ち出すときの音や手ごたえを感じる中でものづくりのよさを実感している。

（学びに向かう力，人間性等）

2　準備物等

教師：銅板（縦18cm×横27cm）

　　　アイデアスケッチ用の用紙（銅板と同じサイズに切り取る）

　　　図鑑や写真

　　　釘（やすりで少し先を丸くして打ちやすくしておく）

　　　金槌，参考作品，実物投影機（書画カメラ）

児童：粘土板（銅板のクッションとして使用する。）

評価項目	評価場面	評価規準	評価
知識・技能	④⑥	輪郭を丁寧に打ち出したり，力加減に注意したりしてうろこや模様を打ち出すことができる。	
思考・判断・表現	②⑥	下がきをかくときに，かきたいものを画面に構成し，どこを打ち出すのかを考えることができる。	
		背景と同化しないように考えることができる。	
主体的に学習に取り組む態度	①④⑥	釘で打ちつけて立体的な作品をつくることに興味をもって取り組もうとしている。	

授業づくりのアドバイス

　小学校高学年の児童は，混色による色鮮やかな平面作品や木版画，紙や木材，粘土を使ったものづくりをたくさん経験してきています。今後中学生になってよりレベルの高い立体表現に出合う児童にとって銅板レリーフは挑戦してほしい題材です。作品を実際に「豊橋子ども造形パラダイス」で展示しました。6年生140名の作品を展示することで，より見ごたえのある作品になっていました。鑑賞に見えた方々からも「細かくつくられていてすてきだね」とおほめの言葉をいただきました。

・平面より1歩レベルの高い描画であること
・立体感を出しながら表したいものの量感や動感を表現すること
・銅という素材でつくることによって得る満足感やものづくりの実感

　私は，上記3点が銅板レリーフの題材的価値だと考えています。打ち出すときの力加減や画面構成，凹凸箇所の工夫など，児童にとっての困りポイントが多く存在します。児童から「版画の白い部分と黒い部分のように凹凸も考えればうまくいくね」とつぶやきが出たとき，中学年での木版画の経験がうまくいかされていることを実感しました。

　実践前に教材研究として教師側が作品をつくり，つまずくところを事前に把握しておくことが大切になります。ぜひ銅板レリーフに挑戦してみてください。

絵画

立体

工作

造形遊び

鑑賞

① 　参考作品を見てみよう 　　　　（鑑賞）

・凸凹していて立体的だね

・どうやって立体的にしてあるんだろう

・釘で打ちつけていくだけでこんな立体的な作品ができるんだ

・細かいところまで打ち出してみたいな

② 　表現したい生き物を図鑑で探してアイデアスケッチしよう 　　　（スケッチ）

・話題になったチンアナゴを表現したいな

・魚のうろこを上手に表現したいから鯛にしようかな

・バラバラに動いているクラゲの足を表現したいな

・背景も考えていきたいな。ぼくはペンギンをつくるから，板をふくらませて氷を表現したいな

③ 　スケッチを銅板に写そう 　　（スケッチ）

・カーボン紙がずれないようにかかないといけなかったよね

・細かいところも忘れずに写すぞ

④ 　輪郭に沿って打ち出しをしよう

　　　　　　　　　　　　（活動・試行錯誤の場）

・どのくらいの間隔で打っていけばうまくいくのかな（打った点と点の距離）

・どんどん打っていくにしたがって，線になっていくね

・打ち続けていくと凸凹してきたよ

・打つときに力を入れ過ぎると穴が開いてしまうよ。難しいな

⊃指導ポイント①

・製作への意欲が高まるよう，教師のつくった参考作品を児童が触ったり見たりできるようにする

・製作の見通しがもてるよう，教師の製作過程を動画で見せたり，実物投影機を使って実際に手本を見せる

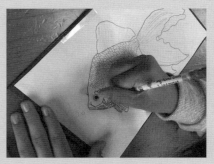

スケッチを銅板に写す活動の様子

⊃指導ポイント④

・打ちながら力加減や打っていく間隔を考えていく

・打ち方や金槌の使い方を丁寧に指導し，安全に注意する

輪郭を打ち出す活動風景

⑤　中間鑑賞会をしよう　　　　　（鑑賞）

・どの作品も輪郭に沿ってふくらみができているね。でもふくらみ加減が左右上下少し違うのもあるね。どうしてだろう？

・うろこの細かいところまで表現しようとしていて，すごいなあ

・もっと力を入れて打たないと立体感が出ないのかな

⑥　うろこや模様を打ち出そう　　　（活動）

・力加減を工夫してもう少し立体的にしよう。輪郭をもう少し力を入れて打つとよりふくらむよ

・うろこは力を入れ過ぎないように注意しよう

・背景と同化してしまわないように気をつけよう

⑦　完成作品の鑑賞会をしよう
　　（子ども造形パラダイス出展・最終鑑賞）

・お母さんやお父さんに細かいところまで丁寧にできたねってほめてもらったよ

・たくさんの人が作品を見に来てくれていたよ

・少し離れてみても魚が浮き出ていることがよくわかるね

・他のクラスの作品もすてきだったよ。同じペンギンをつくったのに打ち方や立体感が少し違っていておもしろいね

◯指導ポイント⑤

・輪郭を打っているが，なかなか立体感が表現できない，またはふくらみが左右で非対称であるところで児童が悩む

　→力加減や打つ間隔によって，立体感の表現が変わっていくことに気付くことができるよう，他の児童の作品を見ることや友人と意見交換をする

中間鑑賞後の活動風景

◯指導ポイント⑦

・自分たちの作品を多くの人に見てもらう機会として校内において，廊下にすべてつなげて展示し，学年全員の作品を鑑賞できるようにする

・完成作品は「豊橋子ども造形パラダイス」にも出展した

　→野外に展示されることで，校内とは違う鑑賞の場の設定につながる

（加藤　良太）

⑱ 光と風をとらえて　～モビール製作～

題材の紹介

　秋晴れの空にさわやかな風が吹く頃。光と風を捉えて，ゆったり動くモビール。光を捉えるために透明樹脂を使う。樹脂を通した光のきらめきやモビールの動きを楽しめる題材。

8時間完了

1　目　標

・アルミの針金や透明樹脂（レジン[注]），光の色の性質を体験を通して理解し，モビールづくりに活用することができる。　　　　　　　　　　　　　　　　　　（知識及び技能）

・きらめきや，ゆれる動きをつくりだすために，形や色，素材や接合の仕方を工夫し，様々な製作上の問題を解決することができる。　　　　　　　（思考力，判断力，表現力等）

・身の回りにある光や風によって，様々な動きや美しさが生まれることに気付き，そのよさを表現に生かそうとする。　　　　　　　　　　　　　（学びに向かう力，人間性等）

2　準備物等

教師：〈全員分〉透明樹脂，クリアファイル（1枚），調色パレット，調色スティック，ラジオペンチ，保護めがね（理科実験用のものでよい），資料プリント，ワークシート，鑑賞カード

　　　〈班に1つ〉染料12色，化学接着剤，ラメの粉6色，UV-LEDライト，樹脂クリーナー，ウェットティッシュ（アルコール含む），マスキングテープ，アルミ針金20mmと15mm，針金の切りかす入れ

児童：糸や棒，ビーズ等

樹脂制作エリア	樹脂を固める エリア
共用グッズ	UV-LED

注　教材提供
　　PADICO（株式会社パジコ）
　　https://www.padico.co.jp

UV-LEDライトを直視することのないよう，制作する場とライトを当てる場を分けるとよい

評価項目	評価場面	評価規準	評価
知識・技能	⑤⑥	透明樹脂・アルミ針金等の特性やよさを理解し，製作構想（アイデアスケッチ）やモビール製作に活用することができる。	
思考・判断・表現	⑥⑦	様々な問題を解決しながら表したいイメージのモビールを製作することができる。	
主体的に学習に取り組む態度	⑧⑨	形や色，光と風など，様々な要素が様々な美しさをつくることに気付き，そのよさを表現に生かそうとする。	

授業づくりのアドバイス

　この題材は，透明樹脂という素材との出合いから始まります。教師の試作品を見た児童たちは「うわぁ，きれい」と，その透き通った輝きに関心を高めます。

　児童が試作する活動を設定すると，「混色できたよ」「枠がないのもいいね」「中に何か入れられるのかな」と，混色・模様づくりなどの色の表現，とろりとした透明樹脂で形をつくること，光を通した透明樹脂の美しさ，中にものを入れて固められる性質など，多くのことに気付きます。なかなか扱えない素材なので，みんな興味津々で気付きを語り合い，共有します。このように主体的・対話的に表現を追求できる題材です。

　透明樹脂は，光を受けてきらめき，風を捉えてゆれます。児童たちは「動く彫刻」という表現を知るとともに，自分の作品が光や風を捉えてゆれ，きらめく様子に満足感を得ることができます。ぜひ，実践してみてください。

絵画

立体

工作

造形遊び

鑑賞

① **動く彫刻ってなに？**

（モビールについて知る）

・何か，微妙なバランスがいいね

・簡単な形だけど動くとおもしろいな

② **透明樹脂ってどんなもの？**

（素材について知る）

・光が透けてきれいだね

・日光を当てると固まるんだ

・型に入れて形もつくれるんだね

・固まるとき熱くなるんだって

③ **試しにつくってみよう**　（試作）

・うわぁ，固まったよ

・ストローを使った穴開け作戦が成功したよ

・針金の形を工夫して，樹脂をアクセントにしてみたよ

・青と黄を重ねてみたら緑に見えたよ

・糸を入れて固められるかな

・穴はもっと開けられるかも……

・イニシャルはどうやったらできるかな

④ **アイデアスケッチ**　（構想）

・ゆれるにはどんな形がいいかな

・太陽のモビールにしたいな

・しずくの形を使いたいな

・ここに樹脂を使って……

⑤ **どこからつくろうか。何からつくろうか。何が必要なのかな**　（構想）

・最初に中心をつくってからぶら下げるものをつくるよ

・しずくを沢山つくってからつなげるよ

・ビーズを入れたいから持ってこよう

・透明な接着剤が必要になりそうだな

・棒に巻きつけたら取れにくいね

⊃**指導ポイント①**

・モビールとはどういうものか，そのよさ・おもしろさなどについて様々な作品の画像資料や実物を提示して感じ取らせる

⊃**指導ポイント②**

・透明樹脂を使った作品画像や教師の試作品を見せ，実際に試作しながら透明樹脂の特性や製作手順を解説する

・見たり聞いたり触ったりさせることで，透明樹脂という素材に関心を高め，素材理解を促進させる

⊃**指導ポイント③④**

・基本的な形と技法を使い，試作する活動を通して，素材の可能性に気付いたり，創造的な工夫を思いついたり，疑問をもったりさせる

・気付きや疑問をたくさん思いつかせ，共有する時間を取り，発想・表現を広げさせる

⊃**指導ポイント⑤**

青と黄の２つの樹脂を重ねて色遊び

・モビールの部分（引っかける部分，ぶら下げる部分，接着・接合の仕方）に視点を与え，具体的な製作手順，必要となる素材や用具を考えさせる

・ヒントとなる参考作品を提示する

・接着剤の選択の仕方を教える

⑥　製作しよう　　　　　　　　　（表現）
・「雨だれモビール」をつくりたいです
・カラフルに光るようにしよう
・だんだん小さくなるようにしよう
・針金をイニシャルにして，ループのところに樹脂を入れよう
・樹脂を混色したりマーブル模様にしたりしてみよう
・バランスがよくないなあ。バランスを取るためにもう１つ小さなパーツをつくろう
・どうもゆれ具合が重いなぁ。針金なしで軽くしてみよう

⑦　飾ってみよう　　　　　　　　（鑑賞）
・教室の南側の窓は朝日がよく入るよ。ほら，やっぱりきらきらする。さわやかで元気が出るね
・体育館の西日で赤く光ってゆれるモビール。明日はきっと天気だね
・ジャングルジムにぶら下がる雨だれモビール。雨上がりのしずくみたいです。
・きらりと光っています

⑧　みんなの感じた光と風を味わおう　（鑑賞）
・○○さんの作品は後ろの木の緑と空の色が写っているみたいだ
・○○君の作品は，暗い色の中のきらめきが宇宙の神秘って感じがする
・みんなの作品全部を飾ってみたいなあ

⑨　みんなの作品を多くの人に見てもらおう
　　　　　　　　　　　　　　　　（鑑賞）
・きらきらゆれて，きれいだったって，他の学校の友人に言われて，うれしかったよ

⊃指導ポイント⑥
・児童が，主体的に対話的に表現上の問題を解決できるよう手立てを講じたい
・テーマ（製作イメージ）を表現するために様々な問題が現れる。それをどう解決して表現するか，助言し合わせる
・その際，②や⑤で示した参考作品や教師の試作品，③での気付きなどを問題解決のヒントとして再提示する

⊃指導ポイント⑦⑧
・自分の作品にふさわしい光や風の当たる場所を見つけさせる
・実際に飾って写真を撮影し，どんな光，どんな風を捉えたかカードにまとめさせる
・写真をカードに貼り，鑑賞会の作品発表のときに活用させる
・ときには，自然光だけでなく，ライトアップも考えさせる

ゆったりゆれて心が和みます

⊃指導ポイント⑨
・校内展や各市町村で開催されている展覧会等に全員の作品を展示して多くの人に見てもらう

（酒井　恵）

⑲ドキ土器！縄文デザイナー　〜21世紀の縄文土器〜

題材の紹介

　縄文土器で使われている技法をもとに，材料の押し方，引っかき方，転がし方，結び方，編み方を少し変えるだけで，表現がぐっと広がる題材。

　社会科等とのカリキュラム・マネジメントも可能。縄文時代の人々の独創的な発想のよさを実感し，身辺材料に対する新しい見方・考え方ができる題材。

6時間完了

1　目　標

・土粘土の特徴や焼き物のつくり方を知ることができる。　　　　　　　　（知識及び技能）

・縄文土器から縄や棒，貝殻を使った模様のつくり方をもとに，身の回りのものを使って自分なりに模様を考え土器に表すことができる。　　　　　　　　（思考力，判断力，表現力等）

・オリジナルの縄文土器づくりを通して，使い方によって身の回りのもので様々な模様をつくるおもしろさを味わい，先人の工夫に気付く。　　　　　　　　（学びに向かう力，人間性等）

2　準備物等

教師：縄文土器の写真，文様のつくり方を探るためのもの（油粘土，貝殻，紙製ストロー，シュロ縄，直径1cmぐらいの木製丸棒等），土粘土，ワークシート，付箋

児童：文様づくりのための身辺材料（段ボール，クリップ，のり，消しゴムケース，ストロー，ペットボトルチャップ，割りばし等）

評価項目	評価場面	評価規準	評価
知識・技能	④	土粘土の特徴や焼き物のつくり方を知ることができる。	
思考・判断・表現	②③⑤	縄文土器から縄や棒，貝殻を使った模様のつくり方をもとに，身の回りのものを使って自分なりに模様を考え土器に表すことができる。	
主体的に学習に取り組む態度	①	オリジナルの縄文土器づくりを通して，使い方によって身の回りのもので様々な模様をつくるおもしろさを味わい，先人の工夫に気付こうとしている。	

授業づくりのアドバイス

　初めて社会科で歴史を学習し始める児童にとって，取り組みやすい題材だと思います。本学級では縄文土器の写真を見た児童から，「これ，どうやってつくっているんだろう」という声が上がり，関心をもちました。

　文様づくりを実際に試してみると，なかなか写真のようにきれいにできないのが分かります。縄の文様を出すなら，よりがかかったロープがよいですが，太すぎても細すぎてもよくないので，事前に教師が試すとよいでしょう。貝殻も私は２種類の二枚貝を用意しましたが，巻貝でもおもしろい文様ができると思います。

　「撚糸文」「縄文」「竹管文」「貝殻文」のつくり方にこだわりすぎると文様づくりの正解，不正解の追究になってしまい，児童の意欲が低下してしまいます。試行錯誤をする中で児童がつくった文様のよさを，机間指導をしながら認め，ほめることが大切です。材料の押し方，引っかき方，転がし方，結び方，編み方を文様づくりの視点とし，その違いによって，オリジナリティーあふれる色々な文様の土器ができあがります。

絵画

立体

工作

造形遊び

鑑賞

4 指導過程

① **縄文土器ってどういうもの？**

（関心をもつ）

・おもしろい形だね

・縄の模様だから「縄文」っていうんだね

・模様はどうやってつくったのかな？

② **おすすめ縄文土器でドキ土器しまショー**

（縄文土器鑑賞会）

・土器の縁がおもしろい形だよ

・先が尖ってどんぐりみたいだね

・縄の模様がきれいだね

・縄の模様も色々あるよ

・縄じゃない模様もあるね

③ **模様はどうやってつくっているんだろう**

（文様づくりを試す）

・貝の向きを変えて押すと，違う文様になる
　よ

・転がすと連続文様になるよ

・縄を結ぶとできるかな

・縄の結び方や編み方，棒の転がし方，棒や
　貝殻の押し方で，いろんな模様ができるん
　だね

・縄文人ってすごいね

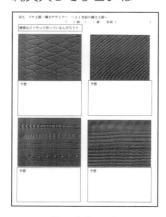

ワークシート

◆**指導ポイント①**

・社会科の授業で縄文時代のくらしを学習す
　ることで，縄文土器に対する関心を高める

・社会科資料集などの写真を見て，形や文様
　のおもしろさに関心をもつようにする

◆**指導ポイント②**

・縄文時代前期，後期それぞれの土器の文様
　を鑑賞し，土器の形や文様のよさやおもし
　ろさを付箋にかいて貼る

・縄目文様以外にも様々な文様があることに
　気付く

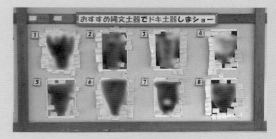

鑑賞会後も壁面に掲示

◆**指導ポイント③**

・活動の見通しをもつために，ワークシート
　へ文様のつくり方を予想し，記入する

・どのように文様がつくられているのか，油
　粘土を使って試す

・押し方，引っかき方，転がし方，結び方，
　編み方の違いによって，色々な文様をつく
　り出すことができることを知る

・身の回りから文様づくりに使えそうな材料
　を集める

④　21世紀のぼくたちの縄文土器をつくってみよう　　（土器の製作）

・鉛筆を転がしてみよう
・クリップを広げると，ハートになったよ
・ペットボトルキャップを転がすと，ギザギザが続くよ

⑤　21世紀のぼくたちの縄文土器でドキ土器しまショー　　（相互鑑賞会）

・割りばしを使って花みたいな文様ができているよ
・段ボールを丸めるときれいだね
・向きを変えて重ねて押してもおもしろいね
・丸棒に紐を巻きつけて転がしたら，縄文土器の模様みたいになったよ
・材料を組み合わせて押したり引っかいたりすると，意外な模様になるよ

➲指導ポイント④

・紐づくりから土粘土で形をつくる
・身辺材料で文様をつくる際，「押す」「引っかく」「転がす」「結ぶ」「編む」を文様づくりの視点として示す
・転がす際，土器が薄いと転がすのが難しくなるため，ある程度の厚みを残すように伝える

➲指導ポイント⑤

・焼き上がった後，作品を鑑賞し，互いの土器の形や文様のよさを見つけ，認め合う

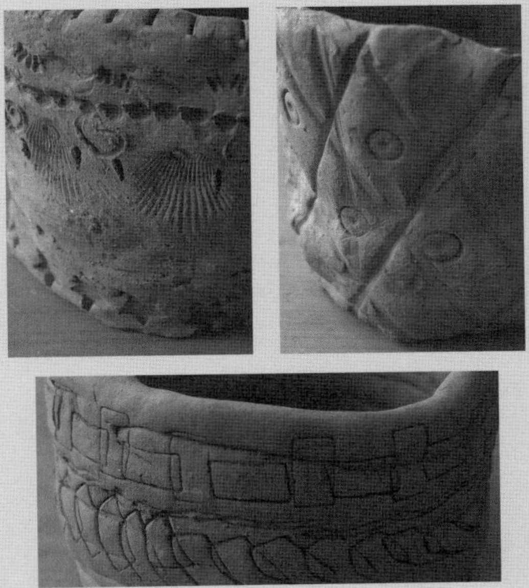

児童がつくった土器の文様（細部）

（白井　泉）

⑳ めざせ糸のこマスター　～糸のこでパズルづくり～

題材の紹介

　電動糸のこぎりの基本的な使い方を習得しながら，1枚の板を自由な発想で切り抜き，その形や組み合わせを使って，楽しくパズルが製作できる。また，実際に遊ぶこともでき，完成後も楽しむことができる題材。

7時間完了

1　目　標

・安全かつ正しく電動糸のこぎりを使い，板材の切り方や形を工夫できる。　　（知識及び技能）

・1枚の板から切り抜くという条件の中で，おもしろさのある形や色を構成することができる。

（思考力，判断力，表現力等）

・自分や友人がつくったパズルで遊びながら，互いの表現のよさを感じ取り，伝え合える。

（学びに向かう力，人間性等）

2　準備物等

教師：B6サイズ合板（1人1枚）

　　　電動糸のこぎりの練習用とする。※練習後はミニパズルとして遊べる。

　　　パズルづくりセット（市販）

　　　枠抜き加工済みの合板を使用し，枠のあるパズルの製作ができる。

　　　ニス（水性ニス・刷毛）

　　　カーボン紙（下がき転写用）

　　　A4書類用OPP袋（1人1枚）

　　　パズルの完成図（写真）を入れる。

　　　ワークシート

児童：自分の表現したい題材に関する資料（本・写真），水彩絵の具セット，油性ペン，セロハンテープ

ワークシート

③ 評価シート　めざせ糸のこマスター

評価項目	評価場面	評価規準	評価
知識・技能	⑥	安全かつ正しく電動糸のこぎりを使い，板材の切り方や形を工夫することができる。	
思考・判断・表現	⑤	１枚の板から切り抜くという条件の中で，おもしろさのある形や色を構成することができる。	
主体的に学習に取り組む態度	⑫	自分や友人がつくったパズルで遊びながら，互いの表現のよさを感じ取り，伝え合おうとしている。	

授業づくりのアドバイス

　この題材は，「電動糸のこぎり」という新しいツールで，さらに表現の幅を広げる第一歩となると考えます。また，「パズル」という身近な遊び道具をつくり出すということで，興味をもって取り組むことができます。さらに，自分のつくったパズルで誰が遊ぶのかという，「対象者」を設定することで，パズルの絵，構図，難易度など，使う人のことを考えてデザインするという思考力を高めることができると思います。学校でも様々な場面で先頭に立ち，他者のことを考えて行動することが多くなる高学年におすすめの題材です。

　指導にあたり，特に強調したいことは以下の３点です。

・このパズルで遊ぶ「対象者」を設定し，その対象者の条件に合うデザインを行うよう指導と支援を行うこと
・電動糸のこぎりの基本的な使い方を習得させ，安全に使わせること
・彩色を美しくかつ丁寧に行わせるために，塗る面積に合わせ，筆の使い分けの指導をきちんと行うこと

　自分のつくった作品で誰かが楽しんでくれたり，笑顔になってくれたりすることは，次の製作にも大いによい影響を与えてくれます。実際に，児童ができ上がりを楽しみに，いきいきと製作に取り組む姿や，友人の作品で遊び，感想を伝え合う姿が見られました。ぜひ実践してみてください。

4 指導過程

① パズルの形や色について考えよう（知識）

・同じ模様があると難しい

・色が似ていると迷う

・切り取る形が似ていると迷う

② パズルのテーマを決めよう　（判断力）

・海の中の世界をかきたい

・オリジナルのキャラクターを登場させたい

・同じ形を繰り返しかきたい

・好きな花をたくさんかきたい

・旅行で出かけた場面をパズルにしたい

③ 誰を対象にするか考えよう　（判断力）

・１年生に遊んでほしいから，ピースの数を少なくしよう

・友人に遊んでほしいから，細かい絵にしよう

・家族みんなが楽しめるパズルにしたい

④ どのような構図にするか考えよう

（思考力）

・枠にも絵をつなげたい

・枠の中だけ絵をかくようにしよう

⑤ 下がきをしよう　（思考力・表現力）

・どんな色にしようかな

・たくさんの色を使ってかきたい

・似ている形や色にして，長く楽しめる絵にしよう

⑥ 電動糸のこぎりの使い方を知ろう

（技能）

・刃の付ける向きが難しい

・しっかり手で押さえないといけない

・色々な線を切ることができるね

・きりを使えば，形に切り抜けるね

・後片づけもきちんとしよう

⮞指導ポイント①

・今までのパズルでの遊び体験を思い出し，意見を出させるようにする

・見本を示し，イメージしやすくさせる

⮞指導ポイント②

・自身が楽しんで製作に取り組めるように，好きなものをかくように伝える

・資料については，図書室やコンピューター室を活用し，調べる時間を取る

⮞指導ポイント③④

・対象者を決めることで，より構図や切り方を明確にさせる

・ペア学年など，対象を決めると，作品を通して他学年との関わりをもつこともできる

・枠の活用については，自由とする

⮞指導ポイント⑤

・油性ペンで縁取りをし，その中を水彩絵の具で彩色することを伝える

・絵の具については，混色だけでなく，単色での使用も可とする

⮞指導ポイント⑥

・刃の付け方について，全員に実践させ，確認をする

・刃を付ける際は電源が落ちていることを必ず確認させる

・練習用合板を配付し，基本的な切り方を練習させる

・後片づけも責任をもって行わせる

⑦　下がきの転写をしよう　　　　（技能）

・カーボン紙を使うと，簡単に写すことができるんだ

・ずれないように，セロハンテープで留めたほうがいいかな

・写った線を油性ペンで縁取りするんだね

⑧　彩色をしよう　（表現力・判断力・技能）

・白など，薄い色から塗るといいかな

・塗る面の大きさによって筆の大きさを変えると塗りやすい

・水の量は少し少なめがいいかも

・はみ出さないように，ていねいに塗ろう

⑨　ニスを塗ろう　　　　　　　　（技能）

・刷毛は同じ方向に動かすと，きれいに塗れるね

・ニスを付けすぎないように気をつけよう

・使った刷毛は，すぐに水に浸けないと固まってしまうね

⑩　板を切ろう　　　　（技能・表現力）

・練習通り，落ち着いて取り組もう

・細かいところは，速さを遅くするといいね

・切り取ったら，一つひとつやすりをかけるときれいになるね

⑪　自己評価をしよう　　　　　　（鑑賞）

・思い通りにでき上がってよかった

・糸のこぎりの使い方がわかった

・友人が楽しんでくれるといいな

⑫　鑑賞会をしよう　　　　　　　（鑑賞）

・ピースの形がおもしろいな

・色がきれいに塗ってあっていいな

・絵がたくさんあるから，おもしろいパズルになっているね

・友人が楽しんでくれてうれしいな

⮕指導ポイント⑦

・カーボン紙は薄いため，扱いに気をつけるよう伝える。

・カーボン紙について，片面のものを使用する際は向きに気をつけさせる

⮕指導ポイント⑧

・持っている筆をすべて出すように指示し，塗る面積に合わせ使い分けをさせる

・修正がしやすいよう，薄い色から塗るようにする

⮕指導ポイント⑨

・ニス塗りコーナーをつくり，作業を行う

・刷毛が固まらないように，扱いに注意させる（すぐに水に浸けさせる）

⮕指導ポイント⑩

・ピースが紛失しないよう，ビニール袋等に入れるようにするとよい

・ケガ防止のため，やすりがけを丁寧に行うようにさせる

⮕指導ポイント⑪

・ワークシートで振り返りを記入させる

⮕指導ポイント⑫

・はじめに作品の鑑賞を行い，よいところまねしたいところを見つけさせる

・実際に遊ぶ時間を取る

・完成図（写真）をＯＰＰ袋に入れて作品とともに置いておく

（本田　圭子）

絵画

立体

工作

造形遊び

鑑賞

㉑ 自分だけのストラミ笛をつくろう

題材の紹介

　ストローとラミネート，紙粘土を主と
して使用して，色々な音を出せる自分だ
けの笛をつくる題材。

　笛の円柱形という形や絵の具の混色を
生かして，自分だけのストラミ笛をつく
ることができる。ストローの角度を調節
すると，音が出るため達成感を味わうこ
とができる。　　　　　**6時間完了**

1　目　標

・円柱形の土台と紙粘土の混色や成形を工夫しながら自分だけの笛を表現することができる。

（知識及び技能）

・笛のアイデアスケッチから，どんな笛にしたいかイメージをもって笛の装飾をすることがで
　きる。　　　　　　　　　　　　　　　　　　　　　（思考力，判断力，表現力等）

・音の出る楽器に興味をもち，自分だけの笛をつくることや音を出すことに対し，根気強く何
　度も挑戦している。　　　　　　　　　　　　　　　（学びに向かう力，人間性等）

2　準備物等

教師：ラミネーター・ラミネート・コピー用紙（土台用8cm×14cm・ふた用直径約4.5cm円）
　　　コピー用紙をラミネート加工する。

　　　1穴パンチ：6mmと4mmを使用。

　　　ストロー（短く切ったもの6mm：4本，4mm：1本）

　　　　吹き口とトーンホールから粘土が入らないようにするために，ストローでふたをす
　　　る。

　　　ストロー（長いもの：6mm）：吹き口に当て，音を出すために使用するもの。

　　　はさみ，両面テープ，カラーテープ

　　　軽量粘土：できるだけ軽い粘土がよい（50g〜80g程度※装飾による）。

　　　ワークシート，つまようじ，竹串，割りばし，木工用接着剤

児童：水彩絵の具：色粘土をつくるのに使用するため，絵の具のみでよい。

③ 評価シート　自分だけのストラミ笛をつくろう

評価項目	評価場面	評価規準	評価
知識・技能	④⑥	円柱形の土台と紙粘土の混色や成形を工夫しながら自分だけの笛を表現することができる。	
思考・判断・表現	③	笛のアイデアスケッチから，笛の装飾を考え，どんな笛にしたいかイメージをもつことができる。	
主体的に学習に取り組む態度	②	音の出る楽器に興味をもち，自分だけの笛をつくることや音を出すことに対し，根気強く何度も挑戦しようと取り組んでいる。	

授業づくりのアドバイス

　私は図画工作科で，児童の思いを大切にしたいと思っています。楽器づくりにおいて，児童が楽しみにしているのは，色や形で楽器をつくることもそうですが，実際に音が出ることも楽しみにしているのではないでしょうか。

　本題材で児童が学ぶ力は，主に３点あると考えました。

・自分だけの楽器がつくれる満足感

・何度も挑戦することで音が出る達成感

・友人とコミュニケーションを取る力

　本題材は管楽器の特性上，ただ吹くだけでは音が出ません。ストローの角度やテープの貼り方，息の強さなどを何度も調節することで音が出ます。実際，児童は友人に相談したり，自分でストローを調節したりと試行錯誤をしていました。なかなか音が出せず困り顔の児童も何度も挑戦して，音が出た瞬間に「わあー，音が出た！」と笑顔になりました。装飾においても，自分だけの笛にするため，アイデアスケッチから装飾と熱心に取り組む姿が見られました。「立体的にしたい」「自分のキャラクターを表現したい」など，児童にとって，自分だけの楽器を製作できることを楽しみ，わくわくしながら取り組んでいました。児童は楽器づくりを通して，友人をコミュニケーションを取ったり，自分だけの作品をつくったりと楽しみながら製作していました。児童に寄り添い，児童の思いを紡ぐことなどから，一人ひとり思い入れのある自分だけのストラミ笛が完成すると素敵だなと思います。

① **ストラミ笛がどんなものか知ろう**

（イメージをもつ）

・ストローとラミネートと粘土でできているんだね

・曲を吹いてみたいな

・笛の形は算数で習った円柱形だね

・粘土で飾りつけをするんだね

② **円柱形がもとになっているものにどんなものがあるか，たくさん出し合おう**

（イメージづくり）

・缶ジュース

・植木鉢

・クリスマスツリー

③ **ストラミ笛のアイデアスケッチをしよう**

（構想）

・動物がつくりたいな

・トーンホールのところにも飾りつけをしてみたいな

・横向きで飾るのもいいな

・お菓子で飾りたいな

④ **ストラミ笛を組み立てよう**　　（製作）

・どうすればうまくふたができるかな

・どうすれば粘土できれいに覆えるかな

・きれいに丸めたいな

・トーンホールが１つだけ小さいのはどんな意味があるのかな

⑤ **どんな音がするかな。自分だけのストラミ笛を吹いて音色を感じてみよう**

（鑑賞：音楽との関連）

・ストローの角度が難しいね

・テープを強く貼りすぎると音が出ないな

・優しく吹くと音が出るね

◗**指導ポイント①**

・ストラミ笛をつくりたいと思える音を児童に聴かせる

・どんな気持ちになったか，どんな感じがしたか音色から楽器の色や形を想像させる

◗**指導ポイント②③**

・グループ対抗にしてゲーム感覚で，円柱形のものや円柱形がもとになっているものが，たくさん出るようにする

・いいなと思ったものをメモさせる

・動物や植物，身近な物から考えさせると思いつきやすい

・円柱形のアイデアからどんな自分だけの笛をつくりたいか想像させる

・自分だけの笛のため，既存のキャラクターは使わないように指示をする

・色鉛筆で配色計画を行うと，スムーズに製作できる

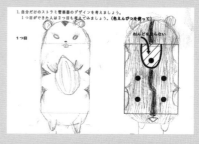

アイデアスケッチの例

・時間がない場合は宿題にしてもよい

◗**指導ポイント④**

・吹き口に粘土が付きすぎると，ストローが固定できないため，できるだけ薄めにする

・時間がかかりそうな場合は，あらかじめ教師がトーンホールや吹き口を開けておくとよい

・何度もやっていたら音が出たよ
・ドレミが出てうれしかった
・友人が吹き方を教えてくれたよ

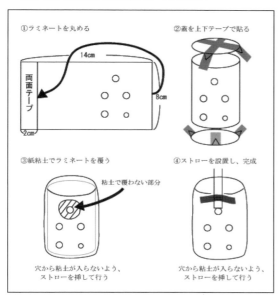

① ラミネートを丸める　　　② 蓋を上下テープで貼る

14cm

両面テープ

8cm

2cm

③ 紙粘土でラミネートを覆う　④ ストローを設置し、完成

粘土で覆わない部分

穴から粘土が入らないよう、ストローを挿して行う

穴から粘土が入らないよう、ストローを挿して行う

ストラミ笛つくり方図

⑥　アイデアスケッチをもとに装飾を完成させよう　　　　　　　　　（表現）

・色粘土はどれくらい絵の具を混ぜればいいかな
・凹凸はどうやったらつくれるのかな
・つまようじは細かい飾りができて便利だね
・自分だけの色をつくりたいな，どうしたらいいのかな

⑦　完成した作品を鑑賞しよう　（鑑賞）

・みんなそれぞれ工夫がしてあっておもしろいね
・好きなものが笛の飾りつけになっているのかな
・かわいい笛だねとほめられてうれしかった
・違う音の出るストラミ笛をつくってみたいな

・ふたの部分は粘土を少しずつ貼るのではなく，粘土を丸くまとめ，平らにし一度に覆うとスムーズにできる

⮕ 指導ポイント⑤

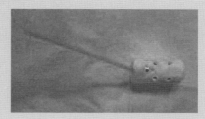

ストラミ笛のストロー設置図

・ストローの先をお湯に浸け，指で押さえつけ，ストローの形が細い楕円になるようにしておく
・音が出た児童には，トーンホールを開けたり，閉じたりすると音の高さが変わることに気付かせる
・長時間吹き続けているとストローの形状が変わり，音が出にくくなるため注意する

⮕ 指導ポイント⑥

・原色の粘土はつくることができないため，カラー粘土を用意するか，粘土の上から着彩させるとよい
・つまようじや竹串，割りばしなど模様が付けられるものを用意しておくとよい
・取れそうな装飾は後から木工用接着剤で貼りつける

⮕ 指導ポイント⑦

・友人の作品を鑑賞して，おもしろいと思うところやいいなと思うところなどを見つけられるように指導する
・ただおもしろいね，いいね，だけではなく，色や形などどこがいいのか，具体的に伝えられるように，プリントにかく活動をする

（水野　菜摘）

㉒ 新種発見！5年虫組！

題材の紹介

身近にあるものと虫を組み合わせて，オリジナルの虫を考えて製作する。完成後は，実際にカプセルに入れて鑑賞する。児童が大好きなカプセルトイをモチーフにした題材。　　　　　9時間完了

1 　目　標

・材料や用具の特徴を生かした組み合わせ方を考え，自分の考えた虫をつくることができる。

（知識及び技能）

・素材の機能や形の特徴をもとに発想を広げるとともに，自分や友人のアイデアや作品のよさについて伝え合うことができる。　　　（思考力，判断力，表現力等）

・身近な人工物を使って新種の虫をつくり出すおもしろさを味わい，楽しんで取り組める。

（学びに向かう力，人間性等）

2 　準備物等

教師：作品の元になる素材（文房具や他教科に関連するもの。例：ねじ，鉛筆キャップ，豆電球，ボタン等）

接着剤（例：化学接着剤，木工用接着剤，多用途接着剤等）

カプセルトイの機械とカプセル

機械は購入するか，つくり方を見て自作する。カプセルはカプセルトイのある店で譲ってもらえる。

紙粘土

作品をカプセルに固定する際に使用。

ワークシート

児童：作品のパーツになる材料（例：針金，クリアファイル，モール，ストロー等）

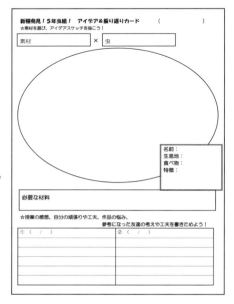

ワークシート

③ 評価シート　新種発見！5年虫組！

評価項目	評価場面	評価規準	評価
知識・技能	⑤⑥	材料や用具の特徴を生かした組み合わせ方を考え，自分の考えた虫を表現できる。	
思考・判断・表現	③⑧	素材の機能や形の特徴をもとに発想を広げるとともに，自分や友人のアイデアや作品のよさについて伝え合うことができる。	
主体的に学習に取り組む態度	⑦	身近な人工物を使って新種の虫をつくり出すおもしろさを味わい，楽しんで取り組もうとしている。	

授業づくりのアドバイス

　私はカプセルトイが大好きです。子供の頃からずっと，ショッピングセンターなどに出かけたときにカプセルトイの機械があると，チェックせずにはいられません。何が出るのかわからないわくわく感や，全種類を収集したくなる気持ち，最近では，そのアイデアや造形的なよさに刺激を受けることもあります。そんなカプセルトイを題材に取り入れたら，児童もきっと導入から鑑賞まで楽しみながら取り組むことができるだろうと思いました。また，よりよい作品に向けてアイデアを柔軟に考えようとする姿勢を育てたいと考えて実践を行いました。

　指導で特に強調したいことは，以下の3点です。

・毎授業に交流タイムを設け，作品の悩みやよさ，アドバイスを伝え合う場を設けることで，様々なアイデアに触れさせること

・考えた虫の生息地や食べ物などのデータも想像させることで，自分の作品に愛着をもたせること

・つくり終わった後も「もう1つつくりたい」と思えるように，材料や接着剤を豊富に準備しておくこと

　題材を通して児童の笑顔が印象的でした。細かな作業が多いですが，高学年なら問題なく取り組めます。ぜひ，実践してみてください。

① こんなカプセルトイ見たことある？

(イメージづくり)

・どんなカプセルトイが出てくるのかな

・このカプセルトイはたくさん持っているよ

・こんなカプセルトイ初めて見た

・２つのものが組み合わさっているとおもしろいね

② こんなカプセルトイがあったらおもしろいな　　　(つくりたいものを考える)

・何を組み合わせたらいいかな

・自分ならどんなカプセルトイが欲しいかな

・動物と食べ物を組み合わせたらどうかな

・学校にトンボ池があるからトンボと文房具がいいと思う

・学校にあるものと虫を組み合わせようよ

③ それぞれの素材の特徴を見つけよう

(構想)

・画鋲は針があるから人を刺す虫がよさそう

・キャップは透明だから中にものを詰めても見えるね

・クリップは動かせるところがあるから羽や足の部分にできそうだな

・たくさん特徴を見つけられたよ

④ 素材を使ってつくれそうな虫を調べよう

(構想)

・蜂や蚊なら画鋲を使ってつくれそうだね

・アメンボは水に浮くからスポンジとかでつくったらよさそうだな

・トンボは体が細いからねじやキャップでつくれそう

・ホタルの他にも光る虫がいたら豆電球でつくれるかも

⮕**指導ポイント①**

・段ボールでカプセルトイの機械を自作するなどして機械を用意し，実際にカプセルから取り出して紹介すると盛り上がる

・異なる種類のものが組み合わさっているカプセルトイを紹介する

⮕**指導ポイント②**

・行事や学習内容に即したものや，地域や学校に関連するものなど，児童の関心があるものを取り入れて考えさせる

⮕**指導ポイント③④**

・毎授業に交流タイムを設け，自分の発見や作品の悩み，感想などの振り返りを発表し合う時間を取る

・素材となるものは，最初は10種類程度に限定して提示する

・製作を始める前に素材に触れる場を設け，それぞれの特徴を見つけられるようにする

・図鑑を使って，様々な虫の姿や生息地，食べ物といった生活の様子まで調べられるとよい

・どの虫がどの素材で表現できるかを考えながら虫調べを進めるように指導する

・虫とものの組み合わせを考える際，素材と虫に共通する形，大きさ，性質をもとに考えさせることで，表現への思いを高めさせる

⑤　設計図をつくろう　　　　　　（構想）

・黒いボタンに赤い画用紙を貼ってテントウムシにしよう

・豆電球でホタルをつくろうかな

・スポンジが素材だから，汚れているところを生息地にしよう

・消しゴムでつくる虫だから，食べ物は消しかすにしたらよさそうだな

・触角を何でつくるか悩んでいたら，友人がホチキスの針でつくるといいよとアドバイスしてくれたよ

⑥　5年虫組の仲間をつくろう　　（製作）

・何を使うとしっかりくっつくかな

・スケッチ通りにはいかないから少し変えてみよう

・思い通りの虫をつくることができたよ

・友人のアイデアをまねしてみたいな

・違うパターンの虫もつくりたい

⑦　シリーズ化しよう　　　　　　（製作）

・色違いの虫をつくってみようかな

・最初につくったのはオスだから，次はメスにしよう

・羽を広げたバージョンはどうかな

・大きさを変えて親子みたいにしたらいいかもしれない

・食べようとする虫と食べられる虫の組み合わせもおもしろそう

⑧　完成した作品を鑑賞しよう　　（鑑賞）

・実際に作品をカプセルに入れて，機械を回してみたいな

・触角や足が細かいところまで丁寧につくってあるね

・いろんなシリーズがあっておもしろいよ

・カプセルトイに実在したら買ってみたい

◯指導ポイント⑤

・目は必ず付けるようにする

・実際にカプセルの中に納まる大きさ（直径約70㎜）でデザインさせる

・虫の体は理科の授業を想起させることで，現実的な範囲で発想を広げさせたい

・考えた虫の生息地や食べ物などのデータも想像させることで，より発想が深まるようにする

・素材の機能や形の特徴をもとに，友人との関わり合いの中で発想を広げ，自分の表したい生き物を工夫できるとよい

◯指導ポイント⑥

・接着剤を数種類用意し，使い方を指導することで，接着剤を活用できるようにする

・材料を豊富に用意し，いつでも使えるようにすることで，発想の幅を広げさせる

・着色はせず，素材の色を活用して製作を行わせる

・乾燥させる時間を十分に取る

◯指導ポイント⑦

・1つのカプセルトイの商品にも様々なパターンがあるように，製作した作品のデータをもとに色違いや親子といったシリーズを広げられるとよい

◯指導ポイント⑧

・鑑賞の際には，作品をカプセルに入れ，1つずつ取り

出しながら行うことで，楽しく取り組めるようにする

（榊原　慧太）

絵画　立体　工作　造形遊び　鑑賞

㉓ 風を感じて　回れ!千本風車
～材料や場所から思いついた活動を楽しむ～

題材の紹介

　高学年の児童らしく，材料の特徴を生かしながら活動を広げていく様子がよく分かる題材。加えて，形遊びを通して，児童が，友人と関わり合いながら，自分の考えた表現や友人の考えた表現を主体的に具現化することができる題材。

7時間完了

1　目　標

・風のよさやおもしろさを表すために，材料の特徴（色や形，数）や場所（地面，壁面，斜面）の特徴を生かし，活動を行ったり，作品をつくったりすることができる。

（知識及び技能）

・風のよさやおもしろさを表す方法を考え出したり，友人の考えをもとに新たな表現方法や活動を思いついたりすることができる。　　**（思考力，判断力，表現力等）**

・自分の活動や友人との活動を通して，材料を効果的に使いながら，造形美を豊かに感じ取ろうとする。　　**（学びに向かう力，人間性等）**

2　準備物等

教師：風車（自作の物でも市販品の物でもよい）

　　　一人当たり30本～50本，学級で1000本以上

　　　高さを変える支柱（竹ひご，太めの針金など）

　　　粘着テープ・紐・段ボール等，記録用デジタルカメラ・ビデオ，振り返り用のワークシート

風を感じて　回れ!千本風車
月　日(　)　　　　　　名前
話し合いをして思ったこと 次の活動でやってみたいこと
活動のスケッチ※メモを記入してもよい

ワークシート

③ 評価シート　風を感じて　回れ！千本風車

評価項目	評価場面	評価規準	評価
知識・技能	③⑤	風のよさやおもしろさを表すために，材料の特徴（色や形，数）や場所（地面，壁面，斜面）の特徴を生かし，活動を行ったり，作品をつくることができる。	
思考・判断・表現	④	風のよさやおもしろさを表す方法を考え出したり，友人の考えをもとに新たな表現方法や活動を思いつくことができる。	
主体的に学習に取り組む態度	⑥	自分の活動や友人との活動を通して，材料を効果的に使いながら，造形美を豊かに感じ取ろうとしている。	

授業づくりのアドバイス

　本題材は，短時間で児童の活動が大きな広がりを見せていきます。毎時間児童は，風車を手に学級の仲間と語り合いながら，自分たちの表現を進めていました。1000本の風車を用意することで，児童は材料の数にとらわれることなく活動していきます。風車と枝や枯葉等の自然物を使ってオブジェを製作する児童。花壇や防球ネットに取りつけて環境を変えていく児童。中には，風車を使った鬼ごっこを考え，楽しむ児童もいました。小学校高学年だからこその思考力や表現力。さらに，これまでの学習で身に付けてきた技能やものの見方や考え方，感じ方を駆使して，大人では考えることのできない取り組みを見ることができます。

　本題材において留意したいことは，以下の３点です。

・児童の思いついた活動を保障するために材料（風車）を十分な個数用意すること

・活動の振り返りを行い，活動に対する思いや考えを言語化させること

・個の活動のみにならないように，活動やその意図の全体での共有化を図る言語活動を取り入れること

　この題材を実践していただければ，児童も教師も「高学年の造形遊び」の楽しさや有用性を感じることができます。「造形遊びで何をしよう？」と考えている皆さんに，おすすめの題材です。

4 指導過程

① 「風」のイメージについて考えてみよう
（イメージづくり）

・風が吹くと，落ち葉がたくさん落ちるよ
・台風の風は，ものが壊れる被害を出すこともあるから怖いね
・やさしい風は気持ちいいね
・公園に大きな風車があったよ
・山や谷は風を感じる風景だね

② 風車があるよ （材料との出合わせ）

・たくさんの数の風車があるよ
・羽根の形が花みたいだね
・4色のカラフルな風車があるね
・風を利用して遊ぶものだよ
・少しの風で回るよ。回るときれいだね

③ 風車を使って遊んでみよう （活動）

・体に付けて走ってみたよ
・一輪車にのって回してみたよ
・ピンクと赤の風車を使って，ハートの形に並べて置いてみたよ
・風車を使って，花畑をつくったよ
・棒にたくさん取りつけて，大きな風車をつくったよ
・もっとたくさんの風車を使って遊びたいな

➡指導ポイント①
・授業時間ではなく，スピーチや朝の会などの短い時間を使って行うのもよい
・「風」から連想していくのではなく，「風」のもつイメージや生活経験について多く話せるようにする

➡指導ポイント② ※①②で1時間
・材料と出合わせることで，児童は，材料のもつ特徴や自然の環境に気付くようになる
・材料の色や個数の多さ，少しの風を受けて回ることを確かめ，造形遊びへのイメージをもたせる
・手に取って，じっくり見たり，息を吹きかけて回してみたりできるようにする

➡指導ポイント③
・たくさんの材料を自由に使って，実際に遊ぶようにし，児童の思いついた活動が実行できるように，材料以外の補助的な物品（粘着テープや紐等）を準備する
・ワークシートに，材料を使ってどのような活動をしたのかについて記入させる
・児童の活動の様子を把握するために，デジタルカメラやビデオで記録する

ハートの形に並べたよ

大きな風車ができたよ

④　どんな活動をしたのかな　　　　（構想）
・地面に置くときは，風の吹く方向や強さを考えたよ
・形をつくるときは，風車の間隔や配色を考えたよ
・棒にたくさん付けるときは丈夫になるように，段ボールや粘着テープを使ったよ
・風車を使った鬼ごっこを考えてみたいな
・次は，もっとたくさんの風車を使って大きなものをつくりたいな

⑤　考えた活動をやってみよう　　　（活動）
・学校の中の，風がよく吹く場所や風が通る場所を探して飾ったよ
・支柱を使って，風車の高さを変えながら並べてみたよ
・風車だけでつくっていた花畑を，花壇において，本物の花と風車で花畑をつくったよ
・前は地面に差していたけど，防球ネットがあるから場所を変えて飾ってみたよ
・枝や枯葉と組み合わせてツリーをつくるよ
・棒に取りつけるだけじゃなくて，風車を段ボールの板にたくさん付けてみたよ

⑥　みんなの活動を見てみよう　　　（鑑賞）
・たくさんの風車が回っていると，風を受けている感じがするね
・花壇の花と同じように，色を考えたり，高さを変えたりして並べるときれいだね
・最初は地面ばかりに置いていたけど，壁面でも風を受けて回るんだね
・友人と一緒に考えたり，協力してつくったりすることは，とっても楽しいね

⇨指導ポイント④
・それぞれの活動を共有化するために話し合いを行う
・個人の活動をより発展させたり，友人の活動のよさに気付き，友人と一緒に活動したりするなど，活動の幅を広げるようにする
・児童には，話し合いで考えたことや次の活動について考えたことを振り返りに記入させる

⇨指導ポイント⑤
・話し合いで考えたことをもとに活動を行うようにする
・児童の新たな活動が見かけられたり，活動を発展させているなど変容を捉えるようにし，称賛の声かけをしながらデジタルカメラやビデオで記録していく
・児童には，新たな活動について考えたことを振り返りに記入させる

⇨指導ポイント⑥
・鑑賞では，活動や作品がどのように変化していったのか，また，その理由まで児童が語れるようにする
・記録していた写真や動画を使って，児童たちが，どんな活動をしていたのかを視覚的に示すようにする
・どの活動，作品についてもよさを認め，称賛の声かけをしていく　　　　（神門　大知）

絵画　立体　工作　**造形遊び**　鑑賞

㉔ 絵から聞こえる音　音から見える絵

　体の諸感覚を働かせた製作や鑑賞活動を通して，自分が思いえがいたものをつくり出す喜びを味わうことができる題材。

　人によって多様な感じ方や考え方があり，その違いやよさに気付かせたり，認め合わせたりする題材。　　　　　　　　2時間完了

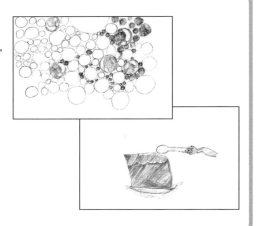

1　目　標

・音からイメージしたことを，色や形，配置を考えて画面構成をすることができる。

（知識及び技能）

・友人の絵を鑑賞して，友人が表したかった音のイメージを感じ取ることができる。

（思考力，判断力，表現力等）

・自分の感じ方と他者の感じ方の似ているところや違うところ等に気付いている。

（学びに向かう力，人間性等）

2　準備物等

教師：アートカード

　　　絵本『がちゃがちゃ　どんどん』（本永定正作，福音館書店）の絵（様々な図形のイラストがかかれ，そこから連想される音がオノマトペでかかれている）を，イラストと擬音語に分けたカードを用意する。

　　　効果音CD

　　　絵をイメージしやすいような効果音を数種類入れておく（本実践では3種類）。

　　　八ツ切を半分にした画用紙（作品制作にどの程度時間をかけるかによって，大きさは変えてもよい），実物投影機（書画カメラ），プロジェクター，スクリーン，ワークシート

児童：画材

　　　色鉛筆，クレヨン・パス，水性ペン，絵の具等（本実践では色鉛筆）。

❸ 評価シート　絵から聞こえる音　音から見える絵

評価項目	評価場面	評価規準	評価
知識・技能	③	音からイメージしたことを，色や形，配置を考えて画面構成ができる。	
思考・判断・表現	④⑤	友人の絵を鑑賞して，友人が表したかった音のイメージを感じ取ることができる。	
主体的に学習に取り組む態度	⑥	自分の感じ方と他者の感じ方の似ているところや違うところなどに気付こうとしている。	

授業づくりのアドバイス

　この題材は，体の諸感覚が相互に関わり合うことや，他者との感じ方の相違を実感させることで，児童がもっている感じ方やものの見方を，さらに広げるものです。また，簡単な製作を行ってから，鑑賞活動を行うため「表現」と「鑑賞」の一体化を図ることができます。

　同じものを見たり，聴いたりしても感じ方が違うのは当たり前です。しかし，昨今，授業時数の制約から，児童がじっくり考える時間を十分に取れず，正解のみを追い求めたり，失敗することが許されなかったりすることが多いように感じます。図画工作科の授業が，他者との違いを知り，互いを認め合うことで，より幅広い人間形成の場になればと思います。

4 指導過程

① 絵を見て，音をイメージしよう
（イメージづくり）

・びちゃ
・べちゃ
・ぴちょん
・カチン
・曲線が多いから液体だと思った
・直線で囲まれていたから硬いものだと思った

➲指導ポイント①
・絵からどんな音がイメージできるか考えさせる
・線や色，形に注目させる
・なぜその音をイメージしたのか，理由も考えさせる

② アートカードを使って，絵と音との関連性を話し合おう （イメージづくり）

・この絵にはこの音がぴったりだよ
・この絵の線と線との間の角度が鋭いから，この音だと思うよ
・絵から音を感じるよ
・組み合わせは同じでも理由は違うこともあるんだね
・みんな色々なイメージをしているよ
・ぼくとあの子は違う考えだな

➲指導ポイント②
・絵のカードと音のカードの組み合わせを考えさせる
・なぜその組み合わせなのか，理由も考えさせる
・正解にはあまりこだわらせない
・色々な感じ方を認める

③ 音を聴いて，絵に表そう （表現）

・この音からはこんな形を思いついたよ
・この音からはこんな色がイメージできたよ
・この音が気に入ったよ
・こんな感じにかくと，聴いた音の感じが表現できるかな

➲指導ポイント③
・３つの音を聴いて，１つ選んで絵に表現させる
・音からイメージした線や色，形を意識させる

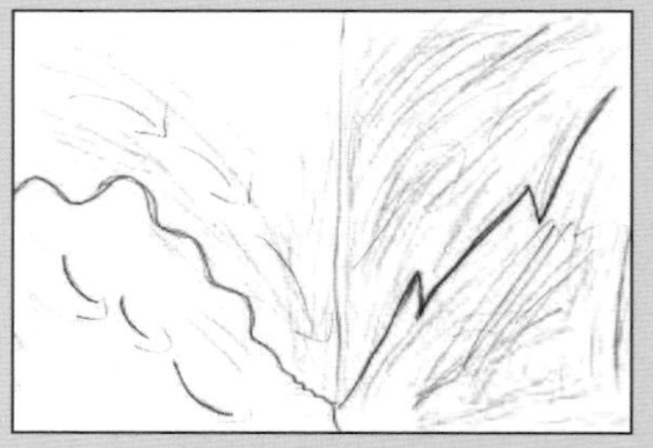

音を絵に表す

④　グループで鑑賞し合おう　　　（鑑賞）

・同じ音をかいているのに，全然違う絵だよ
・この絵はあの音を表しているのかな
・円形が多いから，これはあの音かなぁ
・水色や青色が多いから，これはあの音だよ
・この表現は私と少し似ているね
・この絵のこの部分がきれいだな

⑤　みんなで当てっこクイズをしよう（鑑賞）

・この絵はどの音をかいたでしょう？
・この部分から，この音じゃないかな
・ぼくはこう思うな
・私と同じ音をかいているけど，違う表現だ
　な
・色や形がいい感じだな
・この絵のこの部分は，この音のこういう部
　分を表しているよ

⑥　感想をかこう　　　　　　　　（鑑賞）

・音を自分なりのイメージで表すことができ
　ておもしろかった
・同じ音でも人によって感じ方が違うみたい
　だな
・自分の意見を考えることが楽しかった
・作品から，自分の思いが伝わるととてもう
　れしかった
・人によって，似ている部分や違う部分があ
　るけど，どれも間違いではないんだね

➡指導ポイント④

・グループで相互鑑賞させる
・どの音をかいたのか，理由も考えさせる
・自分はどの音をかいたのかを発表させる

鑑賞し合う

➡指導ポイント⑤

・クラス全体で相互鑑賞をさせる
・任意で選んだ児童の作品を，実物投影機を
　使ってスクリーンに映す
・答えるときは，自分なりの視点や理由も考
　えて発表させる
・正解を発表するときも，どの部分をどのよ
　うにイメージしたかを発表させる

➡指導ポイント⑥

・授業で感じたことや考えたことをかかせる

（林　幹久）

絵画　立体　工作　造形遊び　鑑賞

㉕ 自分の感覚を生かし，広い視野を育む
～観点を明確にした鑑賞活動～

題材の紹介

　完成した作品を相互鑑賞する場面において，児童の感想が画一的であることからの脱却を目指した題材。鑑賞活動で取り上げられる機会が多い「色」「形」の他，「素材」「タッチ」も取り上げた4つの観点から，造形的な特徴に目を向けた鑑賞活動を行う題材。　　7時間完了

1　目　標

・「色」「形」「素材」「タッチ」の観点から，造形的な特徴に気付くことができる。

(知識及び技能)

・色々な観点から作品を捉える目を養い，言葉で表現することができる。

(思考力，判断力，表現力等)

・児童相互で鑑賞する活動を通して，同じ作品でも感じ方が違うという多様な感性があることに気付き，実際の鑑賞活動に生かしている。　　(学びに向かう力，人間性等)

2　準備物等

教師：アートカード，ワークシート（感じる力鑑賞カード），ワークシート（鑑賞カード），四ツ切画用紙，実物投影機（書画カメラ），プロジェクター

感じる力鑑賞カード

③　評価シート　自分の感覚を生かし，広い視野を育む

評価項目	評価場面	評価規準	評価
知識・技能	④	「色」「形」「素材」「タッチ」の観点から，造形的な特徴に気付くことができる。	
思考・判断・表現	⑤	友人の作品でも４つの観点をもとに鑑賞することができる。	
主体的に学習に取り組む態度	②	アートカードを４つの観点をもとに鑑賞し，自分の感じたことや考えたことを友人に伝えようとしている。	
	③	自分と友人の感じ方の違いを認めるとともに，多様な感じ方を楽しもうとしている。	

授業づくりのアドバイス

・作品に向かい，詳しく見ようとする姿勢を身に付けること
・１つの作品について，色々な観点で鑑賞すること
・友人の考えや思いを交流させることで，違いを認め合うとともに，自分にはなかった鑑賞の観点を広げること
　私は，鑑賞活動を行う際に，以上の３つの点をねらいとして授業を行っています。
　この題材は，鑑賞の４観点を「色」「形」「素材」「タッチ」とはっきりさせたことで，何を見ればよいか，どこを見ればよいかなど，これまで鑑賞活動で困っていた児童でも主体的に活動することができます。鑑賞でかかせた内容に，形容詞が多用されていたり，具体性に欠けているなと感じたりしたときには，ぜひ試してみてください。

4　指導過程

① アートカードを使ったゲームを行い，多様な見方や感じ方を認め合おう

（鑑賞に必要な観点を知る）

- 今までに見たことのない作品がいっぱいあるね
- 作品の特徴は何だろう
- 青だけでえがかれている
- 四角いね
- どんな見方ができるかな
- 見つけたこと，気付いたことはどうやって伝えたらいいのかな
- 友人はどんなことを感じているのかな。考えを聞いてみたいな

② 題材「見つめて広げて－マッチングゲーム－」　　　　　　　　　（鑑賞）

- 選んだカードが，みんな違っているね
- 同じカードを選んでいる友人がいたけれど，選んだ理由が違っていたよ
- ○○くんの意見を聞いて，そういう感じ方もあるのかと思った

③ 題材「見つめて広げて－アート１枚　つながりを見つけよう－」　（鑑賞）

- 「えがかれているもの」「色」「形」……どんどんカードがつながるのがおもしろい
- 自分が気付かないことを友人が見つけていた
- 早く手札をなくしていきたいから，共通していることを一生懸命に探した
- 同じカードが選ばれているのに，他のグループは違うつながり方になっていたよ

➲指導ポイント①

- 40枚のアートカードを利用し，４人１組のグループをつくる
- ゲームを始める前に，１枚のカードを実物投影機で示し，どんな捉え方ができるかを話し合う
- 鑑賞で感じたことや見つけたことを自由に挙げさせ，上がった言葉を「色」「形」「素材」「タッチ（筆づかい）」の４つの観点に分類・整理する

➲指導ポイント②

- 自分が選んだ２枚のカードについて，４つの観点に着目しながら，共通すること（感じたことや見つけたこと）を言葉で伝えさせる
- 同じグループの友人に「なるほど！」と納得させるように伝える（納得させることができたら，選んだカードを自分の札にできる）

➲指導ポイント③

- 手持ちカード５枚を配り，残りを裏返して山札とする
- 山札から取った１枚をもとに，このカードと共通の観点をもつカードを手札から選ぶ
- 選んだ手札ともとになるカードとの共通点を４つの観点から発表し，カードをつなげさせる
- 手札がなくなったら勝ちとする
- 他グループとカードの並べ方を見せ合い，並び方の違いなど気付いたことを交流する
- 実物投影機で各グループの並び方を提示する

④ 題材「じっくり見てみよう！ —多角的なものの見方をしよう—」
（観点を明確にして鑑賞する）

〈「色」に限定した鑑賞活動〉

・光が当たっているところと，陰になっているところで使う色を変えているのかな

〈「形」に限定した鑑賞活動〉

・丸い形にしてあるのは，女の人を表したかったのかな

・尖ったように表しているのは，怒った気持ち？ それとも強さ？

・くねくね曲がった形から，にぎやかな感じがしたよ

・この形は，見る人を楽しませるためにあるんじゃないかな

〈「素材」に限定した鑑賞活動〉

・布を使ってあるから，温かみを感じる

・絵の具に糸のようなものを混ぜているね

・ざらざらした感じを出すために使っているのかな

〈「タッチ」に限定した鑑賞活動〉

・点々塗りをしているよ

・線が集まるようにえがいているところに，風が吹いているような感じを受けたよ

・ごてごて塗り重ねたところは，薄く塗ってあるところより重そうに見える

⑤ 友人の作品を鑑賞しよう（まとめの鑑賞）

〈4観点を押さえた鑑賞活動〉

・布の感じが出るように，細かい点々塗りをしているよ

・細い線を重ねてかいているから，髪の毛の感じがよく表せているね

・色を塗り重ねているところから，重くて硬そうな感じまで伝わってくるよ

⭕指導ポイント④

・観点をしぼって鑑賞活動し，より詳しく作品を見る

・自分の感じたことや考えたことをワークシートにかき出させる

・グループで，個々の感想を発表し，同じ観点で捉えた考えを交流する

・グループで出た意見を画用紙にまとめ，全体の場で発表し，多様な意見を共有する

・グループでまとめた画用紙を教室に掲示し，次の学習につなげる

グループで出た意見をまとめる

まとめた意見を教室に掲示

⭕指導ポイント⑤

・アートゲームなどで培った4観点で鑑賞させる

・鑑賞カードは，4観点を分けて記入できるようにする

（犬飼 栄美）

㉖ 我らは鑑賞探偵団！絵の中では何が起こっているの？

題材の紹介

　絵をよく見て発見した「もの」「色」「形」「かき方」などを根拠に，見たことを頭の中で結びつけ「もしかしたらこうなのではないか」「いやこうではないか」と見方・考え方を深めながら主体的に鑑賞できる力を育てることができる。友人と交流し，対話していくことで，作品の価値を自分なりに捉え，作品を分析的に捉えることのできる鑑賞力を育てる題材。

8時間完了

1　目　標

・鑑賞活動を通して，美術作品のよさや美しさや表現の意図や特徴，作者の表現しようとしている世界観に興味をもち，見ることを楽しむことができる。　　　　　　**（知識及び技能）**

・作品にかかれている「もの」「色」「形」「かき方」など，見たことを根拠に，絵の中の物語を想像しながら，他者と対話をしていくことで，作品の世界観や価値を見出すことができる。

（思考力，判断力，表現力等）

・見ることを通して考えた作者の思いや，メッセージなどを伝え合うことで，新しい見方や学びを得て，自己の見方や考え方を深めている。　　　　　**（学びに向かう力，人間性等）**

2　準備物等

教師：児童の実態に合った作品の画像

- ①　クリムト「人生は戦いなり（黄金の騎士）」
- ②　俵屋宗達「風神雷神図屏風」
- ③　ラ・トゥール「いかさま師」
- ④　シャガール「旅する人々」

愛知県美術館鑑賞学習補助ツール「あいパック」アートカード，ワークシート，付箋，模造紙等

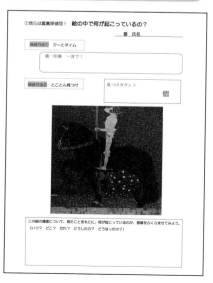

③ 評価シート　我らは鑑賞探偵団！絵の中では何が起こっているの？

評価項目	評価場面	評価規準	評価
知識・技能	③	美術作品のよさや美しさ，表現の意図や特徴，作者の表現しようとしている世界観などに興味をもつことができる。	
思考・判断・表現	⑤	作品にかかれている「もの」「色」「形」「かき方」など，見たことを根拠に，絵の中の物語を想像しながら，他者と対話をしていくことで，作品の世界観や価値を見出すことができる。	
主体的に学習に取り組む態度	⑥	見ることを通して考えた作者の思いや，メッセージなどを伝え合うことで，新しい見方や学びを得て，自己の見方や考え方を深めようとしている。	

授業づくりのアドバイス

　児童は，友人の作品を鑑賞することが好きです。しかしながら，美術作品の鑑賞に対しては「意味が分からないので嫌い」「見ても将来役に立たない」など消極的な面も見られます。見る経験の少なさから美術作品に対して「難しそう」「誰が何をかいているのかよく分からない」という一方的な思い込みがあり，作品を楽しく想像力豊かに見ようとしていませんでした。そこで，絵の中から見つけたことを根拠に，友人と見方や考え方を交流，対話しながら，絵の中の物語を想像し秘密を探るという鑑賞方法を試みました。

　指導するにあたって特に注意したいことは，以下の４点です。

・鑑賞の過程を繰り返し，徐々に鑑賞力を高めていく
・対話を深めるために，３つの問いを大切にする
・見たこと考えたことをもとに，作品の題名を自分でつけることで，言語化して，絵の中の物語を想像できるようにする
・個で考える，グループで考える，学級全体で広げるという流れで，多様な考えを認め，考えを深めていく

　鑑賞する作品は，物語性のあるものや，謎めいたもの，多様な考えが期待される作品を選択しました。受け身の鑑賞ではなく，交流しながら自ら考えを深める鑑賞を行いました。児童は，友人と対話しながら多様な物語を想像し，自分なりの価値を見出すことを実感できました。鑑賞の回数を重ねるほど，見る力をつけて学びを深めていく姿がありました。主体的に見ることを楽しみ，生涯を通して美術を愛好できる力を，身に付けることができると思います。

4 指導過程

① 鑑賞って楽しいよ。アートカードで遊ん
でみよう！　　　　　　　　　（導入）

・共通点を探して見ると見方が変わるね

・１つの作品をじっくり見てみたいな

② 「人生は戦いなり（黄金の騎士）」絵の中
で何が起こっているのでしょうか

　　　　　　　　　（学習過程の理解）

・とことん見つけをして，絵の中の「色」
「形」「もの」「様子」等，たくさん見つけたよ

・見つけたことを根拠に，絵の中の物語を想
像して題名を考えたよ

・「語り合いタイム」でみんなで考えたら，
いろんな意見が出たよ

③ 「風神雷神図屏風」絵の中で何が起こっ
ているのでしょうか

　　　　　　　　　（日本美術との出合い）

・見ることに徐々に慣れてくると，たくさん
見つけられるようになったよ

・動きや，視線，画面の外のことまで注目し
ている子がいたよ

・修学旅行で建仁寺の風神雷神図屏風を見て
うれしかったよ

◯指導ポイント①

・愛知県美術館の「あいパック」を使って，
作品の共通点を見つけるアートゲームを行
う

・鑑賞の自由さを実感させるねらい

◯指導ポイント②

・児童に「絵の中で何が起こっているのでし
ょうか」と投げかける

・「３つの問いかけ」を常に意識する

・見る過程を示す
　①ジーっとタイム（とことん見る）
　②とことん見つけ（見つけてかき出す）
　③語り合いタイム（考える）
　※この過程を繰り返すことで見方・考え方
　を育てる

・見つけたことを付箋にかき，作品に貼るこ
とで，意見を視覚化する

◯指導ポイント③

・正しい答えを探すのではなく，多様な意見
を受け止めながら，意見交流していく

風神雷神図屏風の話し合いの板書

見方・考え方を深める
「**３つの問いかけ**」

①この作品の中では何が
おきているのでしょうか

②どこからそう思いましたか

③もっと発見はありましたか

　風神の視線に目をつける児童の意見から，画面の下には地球があり，宇宙をイメージした。そこ
から，空中から地球を見守っているという意見も出た。互いに戦っている場面なのか，笑っている
ような表情から遊んでいる場面なのか，意見が割れた。

④ 謎めいた作品「いかさま師」絵の中で何
　が起こっているのでしょうか
　　　（謎解き絵画で児童の意欲を引き出す）
・ミステリーの謎解きを意識して見たよ
・どの人がだましているのか，だまされてい
　るのか，どうしてそう思うのかをとことん
　話し合ったよ
⑤ 「旅をする人々」絵の中で何が起こって
　いるのでしょうか　　　　（色への気付き）
　ジャガールの絵画は「色」が美しいため，
　色に着目させ，色がもつイメージから作品
　の主題を読み取ることがねらい。
・色からイメージの対立を連想できるね
⑥ アートカードの中から自分のお気に入り
　を鑑賞し，校内に展示する
　　　（生活に生かした主体的鑑賞への広がり）
・今まで学習した鑑賞の方法を使って，お気
　に入りの作品を見つけ出すよ
・題名と作品の紹介カードをかき，校内に展
　示したよ
・同じ作品を鑑賞しても感じ方は違うんだね

アートカードを校内に展示

⮕指導ポイント④
・視線の矢印や，ものとものを関連させる線
　などをかくことで思考を視覚化するかき込
　み考えるワークシート「いかさま師」

かき込み考えるワークシート「いかさま師」

⮕指導ポイント⑤
・多様な考えができる作品であるため，同類
　の意見をまとめながら，対立する考えを認
　め話し合いを進めていく

⮕指導ポイント⑥
・愛知県美術館の「あいパック」「あいパッ
　クプラス」からお気に入りの作品を見つけ
　出す楽しさを実感する。そのよさを他者に
　伝えることを通して，主体的な鑑賞につな
　げる

（鯨 理つ子）

絵画　立体　工作　造形遊び　鑑賞

27 カメラでキャッチ ～マイ ドリーム モニュメント～

題材の紹介

スチレンボードと紙粘土を主材料として，将来の夢を立体で表現する。どんな○○（野球選手，お花屋さん…）になりたいかの「どんな」という部分にこだわり，色や形を工夫してそのこだわりが伝わるようにする。

スチレンボードも紙粘土も切ったり形を変えたりして扱いやすく，土台・壁・自分など主となる部分以外に，様々な飾りとしても使うことができ，表現の幅が広がる。また，鑑賞では，デジタルカメラのファインダーを通して鑑賞することで，様々な視点からより詳しく友人の作品を鑑賞することができる。見つけたよさは，記録としてカメラ内に残るため，友人と共有しやすい題材。　　8時間完了

1　目　標

・人物の動きや周りの様子，場面に込めた思いを，材料を生かしながらつくることができる。

（知識及び技能）

・夢やなりたい職業の様子がよく分かるように，人物の動きや周りの様子を考えることができる。

（思考力，判断力，表現力等）

・将来への思いや願いを話し合い，表現のよさや工夫を認め合うことができる。

（思考力，判断力，表現力等）

・将来について，思い浮かんだ夢やなりたい職業を立体で表すことを楽しんでいる。

（学びに向かう力，人間性等）

2　準備物等

教師：スチレンボード，紙粘土
児童：身辺材料，はさみ，カッターナイフ，絵の具，多用途接着剤

❸ 評価シート　カメラでキャッチ

評価項目	評価場面	評価規準	評価
知識・技能	②	夢や職業に込めた思いを踏まえて，材料を生かしながら表すことができる。	
思考・判断・表現	③	様々な観点で表現のよさや工夫を見つけることができる。	
	④	つくった作品をもとに，将来への思いや願いを話し合い，表現のよさや工夫を認め合うことができる。	
主体的に学習に取り組む態度	①	将来の夢やなりたい職業に思いを巡らし，いきいきと製作に取り組もうとしている。	

授業づくりのアドバイス

　いっぱい思いを込めてつくった作品。じっくり見て，たくさんよさを見つけて，認めてもらえると，こんなにうれしいことはないですよね。不思議と児童は，カメラのファインダーを通すと，作品の隅々まで色々な見方で見るようになります。アングルを変えてみたり，ズームしてみたりと楽しみながら，自然とこういう見方ができるようになるのが，（デジタル）カメラを使うよさですね。

　また，見つけたよさがカメラの画面に映し出せるので，それを見ながら友人と対話するといった使い方もできます。

　このマイドリームモニュメントにおいてカメラを用いて鑑賞すると，もう1つよいことがあります。つくった紙粘土の人形の目線に合わせて撮影することで，本当に夢が実現したかのようないきいきとした景色がそこには現れます。

　思いを形や色で表現するのが図画工作の授業ですが，思いが本当に実現するように，その後押しを少しでもできる題材になるといいなと思います。

① **将来の夢やなりたい職業をもとに発想をふくらませる** （イメージづくり）

どんな○○になりたいのか，「どんな」という部分をどうつくるか考えましょう。

・剛速球を投げるピッチャーになりたいな

・「速い球」は，どんな形や色，材料を使ったら表現できるかな

○指導ポイント①

・ウェビングなどの手法を使って，できるだけ具体的に将来の夢やなりたい職業を想像させる

製作する様子

② **将来の夢やなりたい職業に込めた思いを考えて製作する** （製作）

・元気のいいペットショップ屋さんになりたいから，明るい色をたくさん使おうかな

③ **デジタルカメラを使って，互いのよさを見つけ合う** （鑑賞）

見る角度にこだわったり，ズーム機能を使って部分と全体を比べたりしながら，作品のよいところをたくさん見つけよう。

・上から見ると，地面に置いた飾りもバランスよく配置してあることがよく分かるな

・ズームして見ると，細かいところまでこだわってつくってあることが分かるね

○指導ポイント②

・毎時の製作に取りかかる前に，互いの作品を見合う時間を取って，よいところを自分の表現に取り入れられるようにする

○指導ポイント③

・発想のおもしろさや材料の工夫など，観点を明確にした上で鑑賞させる

この角度で撮ると速く投げている様子がよく分かるな

カメラをのぞくとこんな景色が

④　見つけたよさをインタビューし合う
（鑑賞）

　見つけたよさや工夫を，デジタルカメラの画面を見せながら伝え合いましょう。
・明るい色やきらきらした材料は，楽しい雰囲気を表したいからだと思うんだ
・なるほど，そこは私は気付かなかったな

　作品への思いや気になった部分について，つくった人にインタビューしてみましょう。
・この部分はどうしてこういう風にしたのかな……。（相手の返答を受けて）なるほど，この色と形には，そういう思いが込められていたんだね

⤵指導ポイント④

・鑑賞活動やインタビューした内容をもとに，新聞型式にまとめるなどしても，おもしろい活動になる

画面を見て見つけたよさを共有する

作品についてインタビューし合う

（檜山　雄大）

おわりに

1 よいものはマネしよう

　学校を訪問したときに「友達のマネをする子をどうすればよいですか」と質問を受けました。質問した方には「マネはいけません」という考え方があることが読み取れましたので，私は「なぜ，マネすることがいけないと考えたのですか」と返しました。

　よく考えてみてください。私たちが，これまでに身に付けてきたほとんどのことは，マネから入っています。マネをしてマネをして，自分のものにしていくのです。自分にとって不都合なことや反社会的なことをマネする必要はありません。ただ，よいと思ったことはマネすればよいのです。

　本書は，手に取られた方が，すぐにマネしたくなる題材ばかりを集めています。ページをめくりながら「オッ」と思われたら，よいと思った瞬間です。

2 子供の姿が見える，声が聞こえる

　本書に掲載された題材に取り組んでもらえば，必ず子供たちは，造形的な見方や考え方，感じ方を働かせ，いきいきと表現していくはずです。

　「オッ」と思った実践の指導過程を読まれたときに，授業にのめり込む児童の姿が浮かんできませんでしたか。

　「いいこと考えた！」「やっぱり」「でも」「えー，もう終わり？」「次も図工がいい！」たくさんの児童の声が聞こえてきませんでしたか。

　本書に掲載された題材は，県内の優れた教師が，目の前の子供たちのことを考えて構想したものです。実践に当たっては，指導過程通りに取り組んでいただいてもかまいませんし，アレンジを加えて取り組んでいただいてもよいと思います。

3 今の時代だからこそ

　今，学校現場はブラックと呼ばれ，長時間労働の実態や多岐にわたる業務内容が問われています。まさに学校現場の働き方改革は喫緊の課題です。このような状況ですから，これまでのように時間を気にせずに題材開発をすることはできません。限られた時間ですので，本書に掲載された題材を「マネ」することで先生方の時間削減の一助になれば幸いです。

　最後に，本書を手にしていただいたことに，心より感謝し，御礼申し上げます。

編者

執筆者一覧

竹井　　史　同志社女子大学
中村　僚志　刈谷市立刈谷南中学校
古川　智康　稲沢市立法立小学校
神門　大知　刈谷市教育委員会
一色　絢賀　刈谷市立住吉小学校
鈴木　広美　豊橋市立芦原小学校
石川　充美　半田市立亀崎小学校
滋野井貴子　岡崎市立葵中学校
原田　敦子　東浦町立緒川小学校
野村　恵理　稲沢市立稲沢東小学校
竹田沙矢香　一宮市立大和南小学校
浅尾　知子　津島市立高台寺小学校
井上　和人　知多市立旭南小学校
浅賀　早苗　大府市立共長小学校
磯村　雄太　刈谷市立小垣江東小学校
鈴木　彬子　犬山市立楽田小学校
鈴木早紀恵　豊田市立元城小学校
坂　　泉美　名古屋市立松原小学校
加藤　　純　春日井市立白山小学校
加藤　良太　豊橋市立吉田方小学校
酒井　　恵　刈谷市立富士松東小学校
白井　　泉　豊橋市立二川小学校
本田　圭子　美浜町立奥田小学校
水野　菜摘　愛知教育大学大学院
榊原　慧太　豊川市立小坂井東小学校
林　　幹久　一宮市立黒田小学校
犬飼　栄美　稲沢市立三宅小学校
鯨　　理つ子　豊橋市立南陽中学校
檜山　雄大　名古屋市立穂波小学校

【監修者紹介】

竹井　史（たけい　ひとし）

同志社女子大学現代社会学部現代こども学科教授。筑波大学人間総合科学研究科後期博士課程満期退学。愛知教育大学創造科学系教授，同附属名古屋小学校長などを経て現職。専門は，美術教育学。文部科学省「図画工作用具で扱う材料や用具」作成協力者。図画工作科教科書（日本文教出版）企画及び著者など。

中村　僚志（なかむら　りょうじ）

愛知教育大学大学院を修了後，昭和61年4月より刈谷市立小中学校に勤務。平成17年から5年間，愛知教育大学附属岡崎小学校に勤務。刈谷市教育研究会造形部部長，三河教育研究会副部長，愛知県造形教育研究会会長などを勤め，現在は刈谷市立刈谷南中学校に勤務。

【編著者紹介】

古川　智康（ふるかわ　ともやす）

昭和60年4月より尾西市立起小学校に勤務。平成13年から3年間，アラブ首長国連邦ドバイ日本人学校に勤務。稲沢市教育研究会造形部部長などを務め，現在は稲沢市立法立小学校に勤務。

神門　大知（ごうど　だいち）

愛知教育大学を修了後，平成9年4月より刈谷市立小中学校に勤務。平成21年愛知教育大学教職大学院入学。平成25年から，愛知教育大学附属岡崎小学校に勤務。三河教育研究会造形部庶務，三河教育研究会本部庶務などを勤め，現在は刈谷市教育委員会勤務。

【著者紹介】

愛知県造形教育研究会

尾張地区と三河地区の造形部の会員で組織されている。毎年各地区で行われた実践の成果を発表し協議をして，授業力の向上や新たな実践開発などを推進している。

指導から評価まですべてが分かる！
新学習指導要領対応
小学校図工テッパン題材モデル　高学年

2020年5月初版第1刷刊　©監　修　竹井　史・中村僚志
　　　　　　　　　　　　 編著者　古川智康・神門大知
　　　　　　　　　　　　 著　者　愛知県造形教育研究会
　　　　　　　　　　　　 発行者　藤　原　光　政
　　　　　　　　　　　　 発行所　明治図書出版株式会社
　　　　　　　　　　　　　　　　 http://www.meijitosho.co.jp
　　　　　　　　　　　　（企画）木村　悠（校正）川上　萌
　　　　　　　　　　　　 〒114-0023　東京都北区滝野川7-46-1
　　　　　　　　　　　　 振替00160-5-151318　電話03(5907)6703
　　　　　　　　　　　　 ご注文窓口　電話03(5907)6668

＊検印省略　　　　　組版所 株式会社木元省美堂

Printed in Japan　　　　　　ISBN978-4-18-352712-7
もれなくクーポンがもらえる！読者アンケートはこちらから→